增广贤文

张齐明 译注

中华书局

图书在版编目(CIP)数据

增广贤文 / 张齐明译注 .—北京：中华书局，2017.1
（2024.4 重印）
（中小学传统文化必读经典）
ISBN 978-7-101-11767-7

Ⅰ．增… Ⅱ．张… Ⅲ．古汉语－启蒙读物 Ⅳ．H194.1

中国版本图书馆 CIP 数据核字（2016）第 090856 号

书　　名	增广贤文
译 注 者	张齐明
丛 书 名	中小学传统文化必读经典
责任编辑	罗明钢
责任印制	管　斌
出版发行	中华书局
	（北京市丰台区太平桥西里 38 号 100073）
	http：//www.zhbc.com.cn
	E-mail：zhbc@zhbc.com.cn
印　　刷	三河市中晟雅豪印务有限公司
版　　次	2017 年 1 月第 1 版
	2024 年 4 月第 7 次印刷
规　　格	开本 / 880×1230 毫米　1/32
	印张 5.875　插页 2　字数 55 千字
印　　数	40001－42500 册
国际书号	ISBN 978-7-101-11767-7
定　　价	39.80 元

目　录

《增广贤文》译注 …………………………………… 1

《增广贤文》全文诵读 ………………………………… 148

《增广贤文》是一本什么样的书 ……………………… 181

昔时贤文，诲汝谆谆，集韵增广，多见多闻。观今宜鉴古，无古不成今。

【注释】

1. 诲：教导，告诫。　谆谆：诚恳不倦的样子。

2. 鉴：本意是用来盛水的青铜大盆，后来也指镜子，引申为观察、借鉴的意思。

【译文】

古代的优秀言论，诚恳而有教益。按照韵文的形式将它们编排成文，增长我们的知识，开阔我们的眼界。认知今天应该借鉴古人，没有过去也就没有现在。

【讲解】

开篇直接交代了《增广贤文》的编写宗旨。先贤们的人生感悟是非常宝贵的精神养料，为了让更多的人汲取这些养料，作者将它们按照韵文的形式采集编排，以便诵读。在作者看来，阅读这些"昔时贤文"，可以增长知识，开阔眼界，让我们不犯或少犯错误。"昔人已乘黄鹤去"，历史固然已为陈迹，但没有过去，也就没有今天。我们可以鉴古知今，从先贤那儿获得人生的历练和智慧。

知己知彼，将心比心。酒逢知己饮，诗向会人吟。相识满天下，知心能几人。相逢好似初相识，到老终无怨恨心。

【注释】

1. 知己知彼：指在作战时，对敌我双方的态势要全面了解，才能战无不胜。在此处，是指与人相处，必须做到相互了解和体谅对方。

2. 会人：这里指能理解诗所表达的情感的人。

【译文】

一个人要了解自己的想法，同时也要了解别人的想法，要做到拿自己的心去衡量别人的心。酒要与知心朋友一起喝，诗要向能理解的人咏唱。认识的人可能遍布天下，称得上知心朋友的又能有几人呢？朋友相处能一直保持初次见面时的状态，即使到老也不会有怨恨之心。

【讲解】

这几句讲的是交友之道。作者认为，朋友之间应该做到"知己知彼，将心比心"。"知己知彼"并不是要我们去刻意地揣摩或防备别人，而是"将心比心"，站在别人的立场来理解别人。孔子所说的"己所不欲，勿施于人"，也就是自己不希望他人对待自己的言行，自己也不要以那种言行对待他人，实际上也就是一种"将心比心"。相识不如相知，交友之道贵在相知。

jìn shuǐ zhī yú xìng   jìn shān shí niǎo yīn   yì zhǎng yì
近水知鱼性，近山识鸟音。易涨易

tuì shān xī shuǐ   yì fǎn yì fù xiǎo rén xīn
退山溪水，易反易复小人心。

【注释】

1. 鱼性：鱼的生活习性。

2. 鸟音：鸟的鸣叫声。

【译文】

住在水边的人知道鱼的习性,住在山林附近的人懂得鸟的鸣叫声。山溪中的水容易涨起来,也容易退去,这就像小人的心思,一会儿这样,一会儿那样,反复无常。

【讲解】

古人说话常常喜欢用"比兴"的方式,在说某一物时,不直接说出来,先说别物,引出自己想说的。《增广贤文》中也常用这种"比兴"的方法。在这里,作者借鱼性、鸟音阐释一个深刻的道理:对人或其他事物的认识,必须建立在深入了解和观察的基础之上。要区分君子和小人,就必须了解小人的心思。小人的一个重要特征就是反复无常,言而无信。这就像山中的溪水一样,下雨时就快速上涨,湍急而下,雨一停,水位就迅速下降,甚至断流。这句话告诉我们,为人一定不要像溪水那样涨落无常,要言而有信。

yùn qù jīn chéng tiě　　shí lái tiě sì jīn
运去金成铁,时来铁似金。

【译文】

运气没了,金子会变成烂铁;运气来了,烂铁也会珍贵如金。

【讲解】

一件事情能否成功，常常要由"天时""地利"和"人和"诸多因素共同决定。中国古人将影响事情成败的诸多因素归结为"运"或者"命运"。所以，在中国古代有非常发达的"命运"思想和观念，人们总是用命运来解释生活中的祸福穷达。"运去"和"时来"反映了古人不能掌握命运时无奈的消极思想，其实天时不如地利，地利不如人和，事在人为，一个人应该以积极的心态去面对人生。

dú shū xū yòng yì　　yī zì zhí qiān jīn
读书须用意，一字值千金。

【注释】

一字值千金：出自《史记·吕不韦列传》：吕不韦与其门客编写完《吕氏春秋》后，"布咸阳市门，悬千金其上，延诸侯游士宾客有能增损一字者予千金"。意思是，将书放在咸阳市集的大门口，同时在上面悬赏千金，邀请各国的游士宾客们来看，凡是能增减书中一个字的人，就将千金送给他。后常常用来形容一部书价值极高或文章精美。

【译文】

读书应当用心思考,每一个字都价值千金。

【讲解】

这里借用吕不韦编著《吕氏春秋》的典故说明我们在读书时要用心思考,不放过任何一个细节。每一本优秀的书都是作者智慧的结晶,我们在阅读时要发扬"一字千金"的精神,认真思考每一个细微之处,汲取书中的智慧,获得进步。

逢人且说三分话,未可全抛一片心。
有意栽花花不发,无心插柳柳成荫。
画虎画皮难画骨,知人知面不知心。

【注释】

且:但,只。

【译文】

与他人交谈时只可话说三分,不要将自己心里的话全都说出来。用心去栽种的花并不一定就能绽放,无意之间插的柳枝却能长成绿荫。画出老虎的外形容易，描绘老虎的风骨很难；认识一个人的外表容易，但了解一个人的内心很难。

【讲解】

《增广贤文》中有许多关于如何与人交往的告诫。这几则强调的是人心叵测，与人交往时要慎言慎行。必须指出的是，强调与人交往要谨慎无疑有一定道理，但是谨慎并不是不以诚待人，应当以自己的一片诚意去换取别人的诚意。

qián cái rú fèn tǔ　　rén yì zhí qiān jīn
钱财如粪土，仁义值千金。

【译文】

钱财如同粪土,仁义道德价值千金。

【讲解】

孔子曾说过:"不义而富且贵,于我如浮云。"意思是违背仁义道德而获得的钱财和社会地位,对我来说就像天上的浮云一样。中国人向来有重仁义、轻富贵的传统。这里用更通俗的语言述说了同样的道理。尽管时代不同了,道德的标准也有所不同,但人们轻富贵、重道德的价值选择不应该改变。

流水下滩非有意,白云出岫本无心。当时若不登高望,谁信东流海洋深。路遥知马力,事久知人心。

【注释】

白云出岫本无心:出自东晋陶渊明《归去来兮辞》:"云无心以

出岫,鸟倦飞而知还。"意思是白云从山洞中自然而然地飘出,鸟儿倦了就回巢。岫,山洞。

【译文】

水从滩头流下并不是有意为之,白云从山洞飘出也不是有心之举。如果不是登高而望,谁会相信东流之水都将汇入深深的海洋呢?路途遥远才知道马的气力大小,经历了许多事情后才能知道人心的好坏。

【讲解】

深入了解和认识一个人是非常难的,常常需要经历过许多事情才能做到。相处久了,同甘苦,共患难,自然而然就能了解一个人。

liǎng rén yī bān xīn　wú qián kān mǎi jīn　yī rén yī
两人一般心,无钱堪买金;一人一
bān xīn　yǒu qián nán mǎi zhēn
般心,有钱难买针。

【注释】

1.一般:相同,同样。

2. 堪：可以，能够。

【译文】

两个人一条心，即使没有钱也可以买黄金；一人一个心思，即使有钱也买不了针。

【讲解】

"二人同心，其利断金"，古人以此来说明团结的重要性。这里用买金和买针两相对比，更加通俗直观地说明团结一心的重要。团结就是力量，历史和现实反复证明了这一点。

xiāng jiàn yì dé hǎo   jiǔ zhù nán wéi rén
相见易得好，久住难为人。

【注释】

久住：长期相处，生活在一起。

【译文】

刚开始交往很容易相处得好，长久在一起就很难相处。

【讲解】

这是一则生活经验：人们初次相见时往往相处融洽，但是天天待在一起，日子久了就会产生各种矛盾。当然，不论是亲人还是朋友之间，相处贵在真诚。只要真诚相待，处理好各种矛盾，即使天天在一起，也能和睦长久。

马行无力皆因瘦，人不风流只为贫。
（mǎ xíng wú lì jiē yīn shòu, rén bù fēng liú zhī wèi pín）

【译文】

马行走无力，都是因为自身瘦弱；人不能风流倜傥，只是因为自身贫困。

【讲解】

此句讲人处于穷困潦倒时很难展现风流倜傥的一面。外在条件无疑会对人产生一定的影响，然而，外在条件固然重要，却并不能决定一切。穷困的人照样可以风采卓异，"穷且益坚""贫贱不能移"，一个人的才华和品质更多取决于自身的努力。

ráo rén bù shì chī hàn　　chī hàn bù huì ráo rén
饶人不是痴汉，痴汉不会饶人。

【注释】

饶：宽恕，原谅。

【译文】

能做到宽恕别人就不是愚笨的人，愚笨的人是不会宽恕别人的。

【讲解】

本句讲宽恕别人。"得饶人处且饶人"是一种优秀的品格。与人相处，要以宽恕之心待人，要原谅和忘记别人的过错，不要斤斤计较，睚眦必报。生活中，我们都希望自己是一个聪明、不偏执的人，那么就从"饶人"开始吧！

shì qīn bù shì qīn　　fēi qīn què shì qīn　　měi bù
是亲不是亲，非亲却是亲。美不
měi　xiāng zhōng shuǐ　qīn bù qīn　　gù xiāng rén
美，乡中水；亲不亲，故乡人。

【译文】

是亲人却不像亲人,不是亲人却胜似亲人。不论甜美不甜美,都是家乡的水;不管是不是亲人,都是故乡的人。

【讲解】

人们之间的亲疏远近,并不完全依靠血缘关系。相亲相爱,不是亲人可以胜似亲人。反过来,如果不能和睦相处、相互关爱,即使亲人也可能形同路人。这个世界有许多令人感动的美好情感,让我们流连难忘,乡情就是其中之一。

莺花犹怕春光老,岂可教人枉度春。相逢不饮空归去,洞口桃花也笑人。红粉佳人休使老,风流浪子莫教贫。

【注释】

1.莺花：啼鸣的黄莺和盛开的鲜花，这里借指春天里美好的景色。　　犹：尚且，还。

2.教：使，令，让。　　枉度：虚度。

3.洞口桃花也笑人：李白《当涂赵炎少府粉图山水歌》有"若待功成拂衣去，武陵桃花笑煞人"。据陶渊明的《桃花源记》记载，晋代武陵人偶入桃花源，发现那里是个世外仙境。诗句是说要及早隐退，等到功成名就时再隐退就太晚了，会被武陵的桃花笑话。"洞口桃花也笑人"化用了"武陵桃花笑煞人"一句，意思是，知己相逢不能痛饮尽欢，连洞口的桃花也会笑话你。

【译文】

啼鸣的黄莺和盛开的鲜花尚且担心春光易老，人们又怎么能虚度青春呢？知己相逢不能痛饮尽欢就各自归去，洞口盛开的桃花都会笑话你们啊。不要让美丽的佳人老去，也不要让风流倜傥的才子穷困。

【讲解】

许多美好时刻常常转瞬即逝，所以我们要享受人生的每一个美好瞬间。这一则体现了作者"人生得意须尽欢"及时行乐的思想倾向，但也启迪我们要珍惜青春时光，莫要虚度人生。

在家不会迎宾客，出外方知少主人。黄金无假，阿魏无真。客来主不顾，应恐是痴人。贫居闹市无人问，富在深山有远亲。

【注释】

黄金：一说"黄金"乃"黄芩"，一种中药，比较常见。上下文看很合理，但缺乏版本上的证据。

阿魏：多年生草本植物，可以入药，产于西域（今中亚、阿富汗及我国新疆一带），由于比较珍贵，很少见到真品，所以说"阿魏无真"。

【译文】

在家时不能热情周到地迎接宾客，自己外出时才知道没有主人来接待你。黄金没有假的，阿魏很少有真的。客人来了，主人不接待，这样的人是傻瓜。贫穷时居住在闹市也无人问津，富贵时即使住在深山也会有关系疏远的亲人光临。

【讲解】

中国自古号称礼仪之邦，洒扫庭院，应对宾客，礼尚往来，是子女教育的一项重要内容。《增广贤文》中有许多教人待客之道的内容。作者说一个人如果不懂得待客之道，自己外出时就不会得到别人热情的接待，这是一种换位思考。他还用"黄金无假，阿魏无真"来强调待客必须真诚。当然，在与人交往中，也难免会出现趋炎附势之徒，但我们不必为此伤怀，毕竟亲人朋友是我们人生中最值得珍惜的财富。

闹里有钱，静处安身。来如风雨，去似微尘。

【注释】

微尘：本为佛教用语，指极为细微的物质，这里用来比喻生命的短暂与无意义。

【译文】

繁华的地方有钱可赚,幽静的地方可以安身。骤然而来若风雨,飘忽而去如微尘。

【讲解】

"心远地自偏",静处并不一定远离尘世,只要我们拥有一个平和安逸的心灵,自然处处都可以安放我们的生命。生命短暂,来时如风雨轰轰烈烈,去时如微尘悄无声息,因此人的一生究竟应如何度过是值得我们思索的问题。

长江后浪推前浪,世上新人赶旧人。近水楼台先得月,向阳花木早逢春。莫道君行早,更有早行人。

【注释】

长江的后浪推着前浪,人世的新人追赶旧人。靠近水边的楼台先得到月光,向着阳光的花木会早逢春色。不要说自己出发得早,还有更早出发的人。

【讲解】

每个时代都有自己的时代骄子，我们不要妄自菲薄。但是，并不是所有人都能成为时代的骄子，机会只给予那些能够抓住机遇的人。月亮、太阳普照万物，近水楼台、向阳花木，都是因为它们自身拥有了一定的条件，才能"先得""早逢"。所以，我们不要去羡慕那些近水楼台与向阳花木，而是要做一个路上的"早行人"。

mò xìn zhí zhōng zhí　　xū fáng rén bù rén　　shān zhōng yǒu
莫信直中直，须防仁不仁。山中有
zhí shù　　　shì shàng wú zhí rén
直树，世上无直人。

【注释】

直中直：指那些只是表面上正直的所谓"正直的人"。

【译文】

不要相信那些表面上正直的人，要防备那些虚伪的仁慈者。山中有笔直的树木，世间没有正直的人。

【讲解】

正直是一种非常美好的品格。但是这个世界上还有虚伪的人，特别是那些道貌岸然,以"正直"伪装自己的人。因此,作者说不要相信那些表面正直的人,要防备他们心怀不仁。但是我们不能因为有虚伪者就否定一切人,相信这个世界终究还是有许多正直而善良的人。作者所宣称的"世上无直人"的观念是偏激的,如果我们每个人都不努力去做一个正直的人,那么世界上也许就真的没有正直和善良的人了。

一年之计在于春,一日之计在于寅。一家之计在于和,一生之计在于勤。

【注释】

1. 计:计划,谋划,打算。

2. 寅:古代以干支记时,将一天按子、丑、寅、卯、辰、巳、午、未、申、酉、戌、亥分为十二个时辰,寅时相当于现在的凌晨3-5时。

【译文】

一年的打算在春天,一天的打算在清晨。一家人最重要的是和睦，人的一生最重要的是勤奋。

【讲解】

这几句告诉我们做事要早计划，要勤勉。不仅在时间安排上是如此，其他方面也是如此。不论是一年、一日，还是一家、一生，坚持严谨的生活态度和勤勉的个人品质，这才是真正的人生之计。

责人之心责己，恕己之心恕人。守口如瓶，防意如城。宁可人负我，切莫我负人。再三须慎意，第一莫欺心。

【注释】

1.防意：坚守意志，不产生邪念。

2.负：亏待，辜负。

【译文】

应该用对他人求全责备的态度来对待自己，用宽恕自己的态度去宽恕别人。对秘密要做到守口如瓶,坚守意志就像防备城池。宁愿别人亏待自己,千万别让我有亏于别人。做事要慎重再三,最为重要的是不要欺骗良心。

【讲解】

与人相处时,应该严格要求自己,宽厚对待他人,只有这样才能得到他人的善待。朋友之间,要信守诺言,以诚相待。凡此种种,都是人生经验的总结,今天读来,仍然让我们受益匪浅。

hǔ shēng yóu kě jìn　rén shú bù kān qīn　lái shuō shì
虎生犹可近,人熟不堪亲。来说是
fēi zhě　biàn shì shì fēi rén
非者,便是是非人。

【译文】

老虎虽然陌生尚可接近,人很熟悉却不可亲近。前来议论别人是非的人,就是一个制造是非的人。

【讲解】

这几句讲人与人之间的相处之道。避免不必要的流言蜚语,减少是非,人与人之间的关系就会变得简单起来。

远水难救近火,远亲不如近邻。

【译文】

远水救不了近火,远亲比不上近邻。

【讲解】

本句讲邻里关系。邻里关系是最为重要的人际关系之一。友好的邻居常常成为危难时的第一个施援者,可以说"不是亲人,胜似亲人"。

有茶有酒多兄弟,急难何曾见一人。
人情似纸张张薄,世事如棋局局新。
山中也有千年树,世上难逢百岁人。

【译文】

有茶有酒时就有许多兄弟朋友,但是当遭遇紧急危难时,却连一个人都看不到了。人们之间的情意就像那一张张纸般的薄,世上的事情就如同棋局一样,每一局都不相同。山中有生长千年的古树,世上却很难遇到活了百岁的老人。

【讲解】

《增广贤文》中有许多对人情淡薄的感慨,这几句批评了那些平常我们称为酒肉朋友的人。这些人在你辉煌成功时,与你分享成果,在你紧急危难之时,却杳无踪影。但如果以此推及所有人,说"人情似纸张张薄"就是以偏概全了。其实,酒肉朋友固然不少,但共患难、不离不弃的好朋友又何尝没有呢?

平生莫作皱眉事,世上应无切齿人。

【注释】

切齿:咬牙切齿,非常痛恨。

【译文】

一生中不做令人不愉快的事,世上就没有痛恨你的人。

【讲解】

本则意在劝谏人们要谨小慎微，不要做令人不愉快的事情，这样就不会有人痛恨你。道理直观，语言直白，有其积极的一面。但是我们应该辩证地看待作者这一劝诫，世界上许多时候，许多事，也需要敢作敢为，不能因为害怕招致痛恨，就什么都不做了。

shì zhě guó zhī bǎo rú wéi xí shàng zhēn
士者国之宝，儒为席上珍。

【注释】

1. 席：筵席。

2. 珍：珍馐美味。

【译文】

士人是国家的宝贵财富，儒生就像筵席上的珍馐美味。

【讲解】

士与儒基本上是同义词，指那些具有儒家济世情怀，崇尚气节，从事政治、文化活动的知识分子。士人与儒生一直是中国古代社会中具有活力的社会阶层，是社会的栋梁。因此，这里称士人是国家的宝贵财富，儒生就像筵席上珍贵的美味，表达了对士人与儒生的高度尊重。此外，它还包含某种期许与鼓励，让更多的人立志成为其中的一员。

若要断酒法，醒眼看醉人。

【注释】

断酒：戒掉喝酒。

【译文】

想戒酒的最好方法就是清醒的时候看醉酒的人。

【讲解】

古人早就认识到过量饮酒的危害，《尚书》中更是将之上升到了国家生死存亡的高度。因此，如何戒酒也成为古人经常讨论的重要话题。在作者看来，要戒酒，最根本的就是饮酒者认识到醉酒的危害，从而主动抵制饮酒。

求人须求大丈夫,济人须济急时无。渴时一滴如甘露,醉后添杯不如无。

【译文】

求人帮助应该求那些大丈夫,接济别人应该接济急难中的人。饥渴时一滴水就像甘露一样甜美,喝醉后继续添酒还不如不添的好。

【讲解】

本段告诉我们帮助别人要做到:急人所难,雪中送炭。助人为乐无疑是一种美德,值得肯定。但是,帮助的时机与方式也是非常重要的。对于陷入困境、急需帮助的人,我们要救人于水火,倾尽全力。孔子曾说过,"君子周急不济富",意思是君子只帮助急难中的人,不接济有钱人。尽管表述方式不同,但所表达的意思是一样的。

jiǔ zhù lìng rén xián　　pín lái qīn yě shū

久住令人嫌，频来亲也疏。

【译文】

长期住在别人家里会被嫌弃，频繁往来亲人也会变得疏远。

【讲解】

与人相处一定要注意保持距离，不可过于亲密，否则就会令人生厌，甚至反目成仇。当然，保持距离并不是指刻意疏远别人，而是指相互尊重，说话做事要顾及对方的感受。

jiǔ zhōng bù yǔ zhēn jūn zǐ　　cái shàng fēn míng dà zhàng fū

酒中不语真君子，财上分明大丈夫。

【注释】

不语：不胡言乱语。

【译文】

喝酒时不胡言乱语才是真正的君子，钱财上一清二楚才称得上是大丈夫。

【讲解】

真君子和大丈夫在这里是同义词,都是指那些品德高尚的人。喝了酒的人容易失去平日的矜持与掩饰,常常会忘乎所以;同样,面对钱财,人们也常常会难抵诱惑。细微之处见品性,是不是品德高尚的人,酒与财的考验往往能见真章。

积金千两,不如明解经书。养子不教如养驴,养女不教如养猪。有田不耕仓廪虚,有书不读子孙愚。仓廪虚兮岁月乏,子孙愚兮礼义疏。同君一席话,胜读十年书。人不通今古,马牛如襟裾。

【注释】

1. 经书：指中国古代被儒家尊为经典的文化典籍。"经"一般指《诗》《书》《礼》《易》《春秋》等，称为"五经"。"书"指《大学》《中庸》《论语》《孟子》，合称为"四书"。这里经书应指"四书五经"，明清科举考试的主要内容。

2. 仓廪：仓库。

3. 兮：古代汉语中的助词，没有实际意义。　乏：贫乏，匮乏。

4. 人不通今古，马牛如襟裾：语出韩愈《符读书城南》诗："人不通今古，马牛如襟裾。"襟裾，衣服的前后襟部分，借指人的衣服。

意思是人如果不通晓古今,就像穿了衣服的马牛一样。

【译文】

积蓄黄金千两,还不如明晓经书。养了儿子不教育,就像养驴一样;养了女儿不教育,就和养猪一样。有田地不耕种,粮仓就会空虚;有经书不读,子孙就会愚笨。粮仓空虚,日子就会贫困;子孙愚笨,礼义就会疏略。与您交谈一次,胜过读了十年书。一个人如果不能通晓古今知识,就像穿了人的衣服的牛马一样。

【讲解】

中国自古就有重视教育、尊重知识的传统,这里用通俗易懂的比喻,阐明读书明理的重要性。当然,人学习的方式是多种多样的,不应教条。有时与贤达君子一席聊天,胜过读书十年,这并不是否认读书的重要性,而是指出读书重在明白事理。虽然时代不同了,古代的经书可能并不全部适合今天,但尊重知识、热爱读书是亘古不变的真理。

máng máng sì hǎi rén wú shù, nǎ ge nán ér shì zhàng
茫 茫 四 海 人 无 数, 哪 个 男 儿 是 丈
fū。 bái jiǔ niàng chéng yuán hào kè, huáng jīn sàn jìn wèi shōu
夫。 白 酒 酿 成 缘 好 客, 黄 金 散 尽 为 收

书。救人一命，胜造七级浮屠。城门失火，殃及池鱼。

【注释】

1.白酒酿成缘好客，黄金散尽为收书：语出唐代吕岩《题沈东老壁》："西邻已富忧不足，东老虽贫乐有余。白酒酿来缘好客，黄金散尽为收书。"诗句表达了对好客、爱书、贫穷而豁达乐观的人生境界的赞赏与向往。

2.浮屠：亦作浮图，佛教用语，是梵语的音译，意思是塔、佛塔。

3.城门失火，殃及池鱼：语出北齐杜弼《檄梁文》："但恐楚国亡猿，祸延林木，城门失火，殃及池鱼。"意思是楚国的猿猴逃跑了，会祸害到林木，城门失火了，池水中的鱼儿也会遭殃。说明世上的许多事，看上去没有关系，但是实际上是相关的。

【译文】

茫茫四海之中，人多得数不胜数，但是哪个男儿是真正的大丈夫呢？酿美酒是因为喜欢结交朋友，散尽黄金是为了收买书籍。救人一命，胜过建造七层佛塔。城门失火了，池水中的鱼儿也会遭殃。

【讲解】

这几则虽然意思上没有连续性,但都是人们生活中耳熟能详的格言,包含了许多非常深刻的人生道理。"茫茫四海人无数,哪个男儿是丈夫"以反问的形式,既表述了对好男儿、大丈夫人格的赞扬,同时也是对社会的一种批评,毕竟这个世界男子汉、大丈夫还是太少了。"黄金散尽为收书"表述了豁达乐观、安贫好客的人生境界。而"救人一命,胜造七级浮屠"是劝人向善,是尊重生命的名言,广为人们所引用,影响深远。"城门失火,殃及池鱼"则生动形象地说明了事物之间联系的广泛性,所以我们在生活中不要有置身事外的想法,关爱他人,就是关爱自己。

庭前生瑞草,好事不如无。欲求生富贵,须下死工夫。百年成之不足,一旦败之有余。

【注释】

瑞草:祥瑞的草,如灵芝等较为罕见的草本植物。在中国古代,人们认为自然界的一些现象是吉祥的征兆,如天现祥云、天降甘露、地出甘泉、田生嘉禾等,其中也包括长出瑞草。

【译文】

庭院前长出了瑞草,这样的好事还不如没有。要想获得富贵的生活,必须要拼命努力。许多事业花费百年时间未必能成功,但一瞬之间却可以毁掉。

【讲解】

要取得成功,不能有任何侥幸,必须付出艰苦的努力,持之以恒。中国古代有根深蒂固的祥瑞观念,认为自然界的某些奇异现象是成功的一种征兆,可以预示个人、家庭乃至国家的福瑞。然而,在作者看来,庭院生了瑞草,并不见得就是福瑞,如果因此沾沾自喜,放弃努力,那么这样的吉兆反而成为成功的障碍。美好的生活,需要艰苦的奋斗,常怀警惕之心,从而避免努力付之东流。

rén xīn sì tiě　　guān fǎ rú lú　　shàn huà bù zú
人心似铁,官法如炉。善化不足,
è huà yǒu yú
恶化有余。

【注释】

1. 官法：国家的法律、法规。　　炉：冶炼用的锅炉，这里用来比喻国家法律对人的教化和惩处。

【译文】

人心就像铁一样，国家法律法规就像熔炉。向善的教化不够，恶的变化就很容易发生。

【讲解】

本段强调的是对人要加强教化，从而避免人的种种恶行。中国古代有性善和性恶两种观念。性善论认为通过道德修养来恢复人善良的本性，性恶论认为通过外在约束来革除人性中的恶。总而言之，都是强调人需要教化和修身。这里将人性比喻为铁，必须通过锅炉的冶炼才能锻炼而成，而且，人性非常脆弱，向善的教化一旦不够，就会导致恶行的发生。

shuǐ zhì qīng zé wú yú, rén zhì chá zé wú tú。 zhī zhě jiǎn bàn, xǐng zhě quán wú。
水至清则无鱼，人至察则无徒。知者减半，省者全无。

【注释】

1. 水至清则无鱼，人至察则无徒：语出《大戴礼记·子张问入官》："水至清则无鱼，人至察则无徒。"意思是水过于清澈，就没有鱼，人过于苛求就没有朋友。
2. 知：通"智"。
3. 省：清醒，醒悟，彻悟。

【译文】

水太清了就没有鱼，人过于明察就没有朋友。世上的智者要减去一半，彻悟的人根本没有。

【讲解】

与人相处时，不要过于苛求别人。一个人如果过于苛责别人，容不得别人犯错误，就不会有朋友，也没有人愿意与你交往。人们之所以会苛求别人，就在于常常会自以为是，认为自己是智者，什么都懂，"举世混浊我独清"，世界上只有自己是清醒的。其实，世上的智者并不多，一直清醒的人根本没有。人们常说"金无足赤，人无完人"，怎么可能有所谓的"省者"呢？

是非终日有,不听自然无。宁可正而不足,不可邪而有余。宁可信其有,不可信其无。

【译文】

是非天天都有,不去听就自然没有了。宁可为了正直而生活贫困,也不可为了生活富裕而做一个奸邪的人。有些事宁可相信它存在,也不能相信它没有。

【讲解】

这段阐释的是一种人生智慧和生活态度。生活中,有许多是是非非,如果受其困扰,我们就会无所适从,所以,面对是非,我们唯一的选择就是不理它。这不是回避,不是胆怯,而是一种智慧。人生在世,有时会面临很多选择,富贵与正直之间,何去何从呢?人当然不能为了富贵而放弃正直的品性,孔子曾说过,"不义而富且贵,于我如浮云",就是这个意思。生活中,有时也会遇到无法确定的事,作者告诫我们,必须采取谨慎的态度,不可盲目乐观,有些事情要宁可信其有，预先防范，才能避免可能的伤害。这些都是人生经验的总结，今天读来仍然让我们受益匪浅。

竹篱茅舍风光好，道院僧堂终不如。命里有时终须有，命里无时莫强求。道院迎仙客，书堂隐相儒。庭栽栖凤竹，池养化龙鱼。

【注释】

1. 道院僧堂：指道观、寺庙。

2. 仙客：这里指具有仙风道骨般高雅脱俗气质的宾客。

3. 相儒：能够辅佐君主、治理国家的读书人。

4. 栖凤竹：凤凰栖息的竹子。

5. 化龙鱼：鲤鱼，相传鲤鱼越过龙门就可以变成龙。

【译文】

竹篱茅舍的景色美好，寺院道观终究比不上(竹篱茅舍)。命里注定有的，就一定会有；命里注定没有的，就不要再去强求了。道院里迎接仙人一般雅致的宾客，书斋里隐居的是能够治理国家的儒者。庭院里栽种凤凰栖息的竹子，池塘里饲养着能够化龙的鲤鱼。

【讲解】

本段描述的是作者心目中的一种理想居住环境。在作者看来，寺庙道观虽然清雅，远离尘世，然而终究少了一份天然，因此，远远不如竹篱茅舍。理想的居住环境，不仅仅是自然风光的美好，还需要追求人文的典雅，"谈笑有鸿儒，往来无白丁"，作者希望与自己往来的都是些"仙客"和"相儒"。居住环境的选择，也是一种人生志趣的表现，我们从中的确读出了一种淡泊、宁静、清新的人生理想。同时，作者相信这一切都是命中注定的，这种论点是消极不可取的。

jié jiāo xū shèng jǐ，sì wǒ bù rú wú。dàn kàn
结交须胜己，似我不如无。但看
sān wǔ rì，xiāng jiàn bù rú chū
三五日，相见不如初。

【注释】

1.胜己：超过自己，比自己优秀。

2. 但：只要。

【译文】

结交朋友必须结交胜过自己的，与自己一样的朋友还不如没有。只要过了三五天，相见就没有刚刚认识时那么好了。

【讲解】

这段讲的是交友之道。作者认为应该与比自己优秀的人做朋友，这样才会有帮助。看上去，这似乎是一种功利的交友方式，但也提醒我们与朋友交往要善于寻找朋友身上的闪光点，弥补自己的不足，相互学习，相互激励，共同进步。孔子也曾说过类似的话，"无友不如己者"，意思是不要和不如自己的人做朋友，可见孔子也是赞同这一点的。朋友的选择很重要，友谊的维系则更加重要，不要才认识没几天，相互之间就已经淡漠了。

人情似水分高下，世事如云任卷舒。

【注释】

卷舒：指云彩一会儿卷起，一会儿展开，这里用来比喻世事无常,变化多端。

【译文】

人的情意就像水一样有高下之分,世事变化多端像天上的云彩。

【讲解】

本段以流水自分高下、云彩任意舒展变化,来说明人情世事的无常,从而表述了作者超然的人生态度。

huì shuō shuō dōu shì　　bù huì shuō wú lǐ
会说说都是,不会说无礼。

【译文】

能说会道的给人感觉说的都是对的,不会说话的给人感觉像是不懂礼义的。

【讲解】

生活中有一种不好的现象:那些能说会道、巧舌如簧的人,无论说什么都像是对的,而不善言谈的人,由于无法准确表达自己的真实情感和想法,容易让人误解他不懂礼义。由此看来,学会正确的表达很重要。

磨刀恨不利，刀利伤人指。求财恨不得，财多害自己。知足常足，终身不辱。知止常止，终身不耻。有福伤财，无福伤己。

【注释】

1. 恨：遗憾。以刀不利为恨，意思是唯恐刀不锋利。

2. 知足常足，终身不辱。知止常止，终身不耻：《老子》作"故知足不辱，知止不殆，可以长久"，与本处文字略有区别。意思是知道满足的，就不会受辱，知道适可而止的，就不会有危险。

【译文】

磨刀时，唯恐不锋利，却不知刀太锋利了会伤人手指。求财唯恐得不到，却不知钱财多了反而害了自己。知道满足者，时常觉得满足，就会终身免受侮辱。知道适可而止者，时常知道进退，就会终身免于羞耻。有福气的人，损失了钱财，无福气的人，伤害自己。

【讲解】

　　本段说的是人要懂得知足常乐，要懂得适可而止。生活中，常常会欲求不得，欲速不达，这是人生的辩证法。特别是在钱财、名利、地位的追求上，那些贪得无厌的人，欲壑难填，利欲熏心，不知道进退，最终常常人财两空，蒙受羞辱。

　　差之毫厘，失之千里。若登高必自卑，若涉远必自迩。三思而行，再思可矣。使口不如自走，求人不如求己。

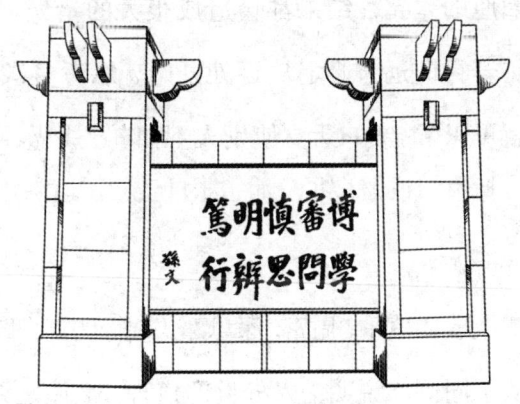

【注释】

1.差之毫厘,失之千里:语出《礼记·经解》:"《易》曰:'君子慎始,差若毫厘,谬以千里。'"意思是开始时极其细小的差错,结果都会造成很大的错误。

2.若登高必自卑,若涉远必自迩:出自《礼记·中庸》:"君子之道,辟如行远必自迩,辟如登高必自卑。"意思是,君子所奉行的道,走向远方必须从近处开始,就像登上高处必须从低处开始。

3.三思而行,再思可矣:语出《论语·公冶长》:"季文子三思而后行。子闻之曰:'再,斯可矣。'"意思是季文子每件事考虑多次才行动,孔子听说这件事,说:"想两次也就可以了。"

【译文】

开始时毫厘的差错,结果都会造成很大的错误。若登高必定从低处开始,若行向远方必定从近处开始。思考多次才行动,其实思考两次就可以了。费口舌支使别人不如自己去做,与其求别人不如求自己。

【讲解】

本段强调做事要慎重、周密,深思熟虑,而且要脚踏实地。本段中的前三则从不同侧面说明为人处世的道理。毫厘之差,却可以导致千里之失,意在告诫我们做事必须严谨周密。严谨周密,就需要在行动前反复思考。另外,做事情也不要"三思而行",那样反而会有顾虑,束手束脚。谨慎的态度,周密的计划,还需要脚踏实地、一步一个脚印地去落实,不要将理想挂在墙上。登高涉远,都始于足下!

小时是兄弟,长大各乡里。妒财莫妒食,怨生莫怨死。

【译文】

小时是兄弟,长大后各自居住他乡。嫉恨财物不要嫉恨食物,怨恨活着的人不要再怨恨死者。

【讲解】

本段两则是民间谚语。谚语虽然通俗直白,但同样富有深意。童年时形影不离的亲密兄弟,长大后各奔东西,常常会因为出身、地位、职业、贫富、区域等诸多因素而变得生疏。鲁迅先生所写的小说《故乡》中关于闰土的故事,就是一个很好的例证。第二则强调的是人不要过于狭隘,要有宽恕之心。

人见白头嗔，我见白头喜。多少少年亡，不到白头死。

【注释】

嗔：生气，发怒。

【译文】

别人发现自己头发白了就生气，我见了白头发却很高兴。世上多少人年轻时就已死去，没有等到头发白。

【讲解】

生活中，有的人无法平静地接受这一事实，常常为自己长了白发而生气发怒。其实，老年是人生的自然阶段，应该珍惜老年时光，以乐观、积极、豁达的态度迎接人生的老年阶段。满头白发，更应该感谢生命的厚爱。

墙有缝，壁有耳。好事不出门，恶事传千里。

【注释】

壁有耳：指墙壁后面有耳朵在偷听。

【译文】

墙壁有缝隙，后面可能会有耳朵在偷听。好事不容易传出门，坏事却可以迅速传到千里之外。

【讲解】

本段主要告诫人们不要存有侥幸心理，以为做了坏事会人不知鬼不觉。日常俗语中，"世上没有不透风的墙""纸里包不住火"说的也是这个意思。

zéi shì xiǎo rén　　zhī guò jūn zǐ　　jūn zǐ gù qióng
贼是小人，知过君子。君子固穷，
xiǎo rén qióng sī làn yě　　pín qióng zì zài　　fù guì duō yōu
小人穷斯滥也。贫穷自在，富贵多忧。
bù yǐ wǒ wéi dé　　fǎn yǐ wǒ wéi chóu　　nìng xiàng zhí zhōng
不以我为德，反以我为仇。宁向直中
qǔ　　bù kě qū zhōng qiú
取，不可曲中求。

【注释】

1. 知：通"智"。

2. 君子固穷，小人穷斯滥也：出自《论语·卫灵公》，意思是君子安守穷困，小人穷困便会胡作非为。固，坚守，安守。滥，泛滥，这里指胡作非为。

3. 宁向直中取，不可曲中求：据说姜尚在未得志时，曾经在一条小溪边用直钩钓鱼，樵夫问他为什么用直钩钓鱼，他回答说：我是宁向直中取，不向曲中求。这是一个民间传说，它所传递的是一种生活态度：做人要堂堂正正，不要为了达到目的而去委曲求全甚至不择手段。

【译文】

贼都是小人,他们的智谋有时却会超过君子。君子能做到安守贫困,小人贫困就会胡作非为。贫穷的人自由自在,富贵的人却有很多忧愁。不感谢我的恩德,反而将我视为仇敌。宁可以正直的方式只获取一点点,也不能为了达到目地而不择手段地获取更多。

【讲解】

本段几则是围绕着人的生活态度展开的,其中最为重要的就是如何在贫困与富贵之间作出取舍。君子与小人的区别常常就在于面对人生贫困的境地,是否还能坚守正直,是否还能安于贫困。有人说,贫困是最好的试金石,这无疑是有道理的。正直的君子,必然会做到"宁向直中取,不可曲中求"。"不以我为德,反以我为仇",是对社会上忘恩负义、以怨报德现象的批评。

rén wú yuǎn lǜ　bì yǒu jìn yōu　zhī wǒ zhě wèi wǒ
人无远虑,必有近忧。知我者谓我
xīn yōu　bù zhī wǒ zhě wèi wǒ hé qiú　qíng tiān bù kěn
心忧,不知我者谓我何求。晴天不肯
qù　zhǐ dài yǔ lín tóu
去,只待雨淋头。

【注释】

1. 人无远虑，必有近忧：语出《论语·卫灵公》，意思是人如果没有长远的考虑，就一定会有近在眼前的忧患。虑，考虑，打算。

2. 知我者谓我心忧，不知我者谓我何求：语出《诗经·王风·黍离》，意思是了解我的，认为我内心忧愁；不了解我的，还以为我别有欲求。表达的是有着一片忠心却不为人所知的痛苦。

【译文】

人没有长远的考虑，就一定会有近在眼前的忧患。了解我的人，认为我内心忧愁；不了解我的人，认为我还有什么别的欲求。晴天的时候不出门办事，等到雨天淋湿了头才去。

【讲解】

本段三则都围绕一个主题——忧虑。人生的忧虑有许多种，或为国家，或为个人。这些忧虑，包括对未来不确定的忧心，也包括一片忠心不为人所知的痛苦。在作者看来，这些忧虑都是必要的。因为忧虑，才可能未雨绸缪，早作打算，把握好时机，从而拥有一个美好的未来。

成事莫说,覆水难收。是非只为多开口,烦恼皆因强出头。忍得一时之气,免得百日之忧。近来学得乌龟法,得缩头时且缩头。惧法朝朝乐,欺公日日忧。

【注释】

1. 成事莫说:语出《论语·八佾》:"子闻之曰:'成事不说,遂事不谏,既往不咎。'"意思是凡是已经做成了的事情,再说也无益,不如不说;未做但已经成定局的事情,再劝也无益,就不必劝;已经做过的事情,再责备也无益,就不必去责备。

2. 覆水难收:语出范晔《后汉书·何进传》,意思是泼出去的水,再也收不回来了。

3. 惧法:害怕法律惩处。

4. 欺公:欺骗国家,这里指各种违法的行为。

【译文】

凡是已经做成了的事情,就不要再说,泼出去的水再也收不回来。是非都是因为讲话太多,烦恼都是因为逞强出风头。忍住一时的气愤,就能避开百天的忧惧。最近学了一种乌龟的方法,该缩头的时候就缩头。畏惧法律的人天天快乐,违反了法律的人日日忧惧。

【讲解】

本段主要告诫人们如何明哲保身。在作者看来,生活中各种是非,都是因为自己逞强出头惹的麻烦,因此,人要学会忍气吞声,甚至主张向乌龟学习,做一个逆来顺受、明哲保身的人。这些思想是错误的,生活在今天这个时代,作为公民,要积极参与各种事务,要敢于担当。最后一句是说要时刻保持对法律的敬畏,这样并不是软弱与畏惧,而恰恰可以让我们不会因为违法而提心吊胆,每一天都坦荡、快乐地生活。

rén shēng yī shì, cǎo shēng yī chūn. hēi fà bù zhī qín
人生一世,草生一春。黑发不知勤
xué zǎo, kàn kàn yòu shì bái tóu wēng. yuè dào shí wǔ guāng míng
学早,看看又是白头翁。月到十五光明
shǎo, rén dào zhōng nián wàn shì xiū
少,人到中年万事休。

【注释】

1. 草生一春：有版本作"草木一秋"，意思相同。指草木春天发芽，秋天就枯萎。用来比喻生命的短暂。

2. 休：休止，结束。

【译文】

人活在世上一辈子，就像草木只能生长一个春天。黑发少年不知道勤奋学习，转眼间就成了白发老人。月亮过了十五，光明就少了；人过了中年，也就万事无望了。

【讲解】

中国古代有许多劝人珍惜时间努力学习的箴言。本段的几则也分别从不同方面，强调人在少年、青年时代就要懂得珍惜时间，努力学习。人生是短暂的，不虚度人生就要抓住人生最为宝贵的青少年时期，因为青春转瞬即逝。其实，人生的每一个阶段都需要学习。无论是黑发少年，还是白发老翁，都不能浑浑噩噩地度过，所谓"人到中年万事休"的说法，过于悲观。

ér sūn zì yǒu ér sūn fú, mò wèi ér sūn zuò mǎ
儿孙自有儿孙福，莫为儿孙作马

牛。人生不满百，常怀千岁忧。

【注释】

人生不满百，常怀千岁忧：语出汉乐府《古诗十九首》中的第十五首，原诗为"生年不满百，常怀千岁忧"，意思是人一生不超过一百岁，却常常为千年后的事发愁。表述了一种人生苦短，及时行乐的思想。

【译文】

儿孙自有儿孙的福气，不要为子孙做牛做马。人活不过一百岁，却常常为一千年的事情发愁。

【讲解】

中国人自古就注重家庭伦理，父母常常为子女劳碌奔波一生，甚至甘心为子女做牛做马，本段就批评了这种社会现象。作者认为，父母并不需要为子女的幸福负责，子女应该自我拼搏，通过努力去争取自己的幸福。这在今天仍具有很重要的现实意义。要改变这种现象，需要父母子女的共同努力。一方面，父母要豁达，不要为孩子过于操劳奔波；另一方面，子女也应该自立自强，不要过于依赖父母。家庭伦理更重要的应该是精神上的，而不是物质财富上的义务。

今朝有酒今朝醉,明日愁来明日忧。路逢险处难回避,事到头来不自由。药能医假病,酒不解真愁。

【注释】

今朝有酒今朝醉,明日愁来明日忧:出自唐代罗隐《自遣》诗,原文是"今朝有酒今朝醉,明日愁来明日愁",略有差别。罗隐科举考试长期失意,自感前程渺茫,表达了一种悲愤无奈的心情。

【译文】

今天有酒喝今天就喝醉,明天有烦恼明天再忧愁。道路上的艰难险阻是很难回避的,遇到一些事情人也是无能为力的。药能医治假装的病症,饮酒不能排解真正的忧愁。

【讲解】

《增广贤文》中有许多主张是前后矛盾的,前文强调人要有远虑,这里又说"明日愁来明日忧",劝人及时行乐。这种矛盾主要是由于本书是长期经过很多人整理选编而成的。但不论是"人无远虑,必有近忧",还是"明日愁来明日忧",生活中总少不了忧愁,然而酒能排遣人的忧愁吗？当然不能，"酒不解真愁"，生活中的麻烦需要我们付诸行动，积极应对。

人平不语，水平不流。一家有女百家求，一马不行百马忧。有花方酌酒，无月不登楼。三杯通大道，一醉解千愁。深山毕竟藏猛虎，大海终须纳细流。

【注释】

1. 人平不语：人感到公平了就不会再表示不满了。

2. 三杯通大道：出自唐代李白《月下独酌》："三杯通大道，一斗合自然。"意思是喝酒三杯就能体会到超脱之道，饮酒一斗就完全合于自然之道。大道、自然，都是道家所推崇的人生效法自然的状态，是一种不羁于名利完全自然的人生境界。

【译文】

人感到公平就不再议论，水面平了就不再流动。一家养了女儿，多达百家都会来求婚；一匹马无法行走，百匹马都会犹豫不前。有花的时候才饮酒，没有月亮就不要登楼赏景。饮酒三杯就能体会到超然之道，一醉不醒就化解了千般愁苦。深山之中一定藏有老虎，大海终会容纳细小的溪流。

【讲解】

古人非常擅长形象思维，喜欢用自然界的现象来阐释人生的一些道理，本段几则都是描述某种自然状态，但含不尽之意于言外，需要加以认真体会。水的流动是因为高低不平有了落差，而人认为不公平自然就会牢骚满腹。一群马中有一匹突然不动了，其他的马就会犹豫不前，人类社会也是如此，许多时候人都会有从众心理,所以才会"一家有女百家求"。饮酒、赏月,需要情致雅兴,是人与自然的融合。没有盛开的鲜花,没有朦胧的月色,登楼饮酒就少了一份雅致。花下饮酒赏月固然是人生乐事,但"一醉解千愁"绝非真能排遣忧愁,不过是一种自我麻木而已,并不值得效仿。

受恩深处宜先退,得意浓时便可休。莫待是非来入耳,从前恩爱反为仇。留得五湖明月在,不愁无处下金钩。休别有鱼处,莫恋浅滩头。去时终须去,再三留不住。

【注释】

1. 五湖:所指不一,说法众多。根据《国语·越语》记载,范蠡(lí)乘轻舟隐于五湖,后来五湖就成为归隐的代指。

【译文】

深受恩宠时要懂得及时主动退让，得意时应该适可而止。不要等到是非传到耳朵里的时候，那时候往日的恩宠反过来会成为怨恨。只要能留住五湖上的明月，又何愁没有地方垂下金钩。不要轻易离开有鱼的地方，不要贪恋水浅的滩头。到了离去时终归要离去，再三相留也留不住。

【讲解】

本段几则都在讲人应该懂得进退，要学会保全自己。古代社会，人们之间地位不平等，社会关系常常是建立在知遇恩宠的基础之上，因此，一旦失去上级或君王的恩宠就会失意，甚至有生命危险。如何保全自己呢？作者认为应当未雨绸缪，在受恩宠得意之时就要及早抽身，早作打算。要懂得生命的珍贵，保全自己，不愁将来没有再次施展才华的机会。该离开就离开，不要贪恋一时的荣华富贵，必须决绝果断。

忍一句，息一怒，饶一着，退一步。

【注释】

着：下棋时走一步棋子、武术中的一个动作都可以称为着数。

【译文】

忍住少说一句，压住一时的愤怒，让人一着，退上一步。

【讲解】

本段告诫人们要懂得忍让之道，现在所说的"退一步海阔天空"也是这个意思。少说一句话，平息一时的愤怒，不是软弱，而是一种忍让的美德，这样可以避免许多不必要的冲突。得饶人处且饶人，懂得忍让，展现出来的是一种大度，更是一个人良好道德修养的体现。

三十不豪，四十不富，五十将来寻死路。

【译文】

三十岁不成为英豪，四十岁不富有，五十岁到了就死路一条了。

【讲解】

本段告诫人们要珍惜大好年华，不要待人生蹉跎，空留悔恨。道理浅白，语言直观，通俗易懂，读来令人警醒。

生不论魂,死不认尸。父母恩深终有别,夫妻义重也分离。人生似鸟同林宿,大限来时各自飞。

【注释】

大限:死期。古人认为人的生命都是有定数的,称为大限,说某人大限已到,就是死期到了。

【译文】

活着的时候不论魂魄,死了也不认尸首。父母恩情深重,但总有离去的时候,夫妻情深义重也总有分离的时候。人生就像鸟儿栖息在同一个林子,大限一到就各自飞走了。

【讲解】

本段主要感慨人生无常,生命脆弱,也宣扬了一些悲观消极情绪。生命的长度是有限的,但是人们之间真挚美好的情感是比生命更加珍贵的。懂得这一点,不仅不应该消极悲观,反而更应该珍惜生命,守护情感。

人善被人欺,马善被人骑。人无横财不富,马无夜草不肥。人恶人怕天不怕,人善人欺天不欺。善恶到头终有报,只争来早与来迟。黄河尚有澄清日,岂可人无得运时。

【注释】

1.横财：意外侥幸的财物。

2.夜草：一作"野草"。

3.报：因果报应。

4.争：欠，差。

【译文】

人太善良就会被人欺负，马太温顺就会被人骑。人没有意外不义之财就不会富有，马儿要是不吃夜草就不会肥壮。凶恶的人，别人会害怕他但上天不怕他；善良的人，别人会欺负他但是上天不会欺负他。行善还是作恶，到头来都会有报应，只不过是时间来得早晚而已。黄河水还会有澄清的那一天，人又怎么可能没有命运顺利的时候呢？

【讲解】

本段主要讲善恶有报，意在劝人向善。是做善人还是做恶人？为何这个世界善人不一定有好报呢？在叙述了"人善被人欺""人无横财不富"的不良社会现象之后，作者将所有向善的动力指向了上天，上天终究会奖赏行善者，惩罚作恶者，意在告诫人们要做一个善良的人。然而，依靠上天来奖励善人，惩罚恶人终究是靠不住的，最为重要的是建立良好的社会机制，提升人民的道德素养，让更多的人拥有善良的品性。

dé chǒng sī rǔ　　ān jū lǜ wēi　　niàn niàn yǒu rú lín
得宠思辱，安居虑危。念念有如临

dí rì　　xīn xīn cháng sì guò qiáo shí
敌日，心心常似过桥时。

【注释】

1.念念：连续不断的意念，常常想。

2.心心：与念念相同，时刻想。

【译文】

得到宠爱时想到可能会受辱，安居时想到可能会有危险。常常像如临大敌般慎重，时刻保持着像过桥时的小心。

【讲解】

本段告诉人们要懂得居安思危的道理。安不忘危，一帆风顺时能戒骄戒躁，时刻保持警惕。只有做到这样，才可能立于不败之地。

yīng xióng xíng xiǎn dào　　fù guì sì huā zhī　　rén qíng mò
英雄行险道，富贵似花枝。人情莫
dào chūn guāng hǎo　　zhǐ pà qiū lái yǒu lěng shí
道春光好，只怕秋来有冷时。

【译文】

成为英雄就要行走在艰险的道路上，富贵就像花枝一样。人们不要再说春天的景色美好，只怕秋天来临、天气寒冷时春光不再。

【讲解】

人人都想做英雄，但是又有谁知道英雄之路的艰辛危险。人人都想拥有富贵，却不知道富贵就像枝头的鲜花，很快就会落去。再美好的春色，秋天来临时也会消逝。作者以此来告诫我们，名与利就像枝头的鲜花、美丽的春光一样，转瞬即逝。

sòng jūn qiān lǐ　　zhōng xū yī bié
送君千里，终须一别。

【译文】

即使送人送到千里之外，终究还是要分别。

【讲解】

　　本则表达了人们对离别伤感之情的委婉劝慰。南朝的江淹曾经在《别赋》中感慨"黯然销魂者,惟别而已"。亲人好友之间的分离,常常令人伤感。临行之际,人们总是送了又送,然而送得再远,终究还是要分别。既然分离不可避免,那么不妨相互珍重,期待早日相聚。

但将冷眼看螃蟹,看你横行到几时。

【译文】

　　只须冷眼看着螃蟹,看那些横行霸道的人能横行到什么时候。

【讲解】

　　本则表达了人们对横行霸道者的愤怒与痛恨。

见事莫说,问事不知。闲事休管,无事早归。

【译文】

看见什么事情不要说,有人询问什么装作不知道。闲事不要管,没事就早回家。

【讲解】

这里所反映的是一种明哲保身、事不关己、高高挂起的人生态度。这种人生态度,我们是不赞成的。每个人都是社会的一分子,社会福祉与我们休戚与共。如果因为害怕、恐惧或自私自利,不敢与不良现象作斗争,不敢维护公众利益,那么社会的福祉就无法实现,最终也会损害到个人的利益。因此,在现代社会,我们应当抛弃这种事不关己高高挂起的为人处世态度,做一个积极的社会利益参与者和维护者。

假缎染就真红色,也被旁人说是非。善事可作,恶事莫为。许人一物,千金不移。龙生龙子,虎生虎儿。龙游浅水遭虾戏,虎落平阳被犬欺。

【注释】

1. 缎: 一种厚而光滑的丝织品。

2. 许: 许诺, 答应。

3. 移: 改变。

4. 平阳: 平坦的地方。

【译文】

假的绸缎即使染成真的红色, 也会被人议论批评。善事要做, 恶事不要干。许诺给别人的东西, 即使用千金来换也不能改变。龙生龙, 虎生虎。龙游到了水浅的地方, 虾米都敢戏弄它, 虎来到平原也会受到狗的欺凌。

【讲解】

这几则都是一些意思不连贯, 但却广为人知的谚语, 集中体现了先民们的智慧。假的就是假的, 再能装扮, 仍然会被人议论批评。人要坚守承诺, 答应别人的事情, 即使面临再大的诱惑也不能改变, 这就是一诺千金。龙是中国人所崇拜的一种想象中的动物, 但它一旦失去施展才能的平台, 连小小的虾米都敢欺负它。

一举首登龙虎榜,十年身到凤凰池。十年窗下无人问,一举成名天下知。

【注释】

1. 举:科举,是中国古代一种用考试方法选拔官吏的制度。　龙虎榜:科举考试录取的榜单上都是有名望的人,这样的榜单被称为龙虎榜。

2. 凤凰池:古代重要的政府机构中书省的代称。这里指非常显要的官职。

【译文】

科举考试一旦名登龙虎榜,十年后就可以身居要职。曾经十年寒窗苦读没人理睬,一次考试就成为天下都知道的名人。

【讲解】

这段的主题是劝人向学。中国古代将读书与做官联系起来,形成了通过考试来选拔官员的科举考试制度。在这种情况下,金榜题名,名扬天下,就成为人们读书的最大动力。这里列举了科举考试成功后的种种名利:龙虎榜、凤凰池、一举成名、身居要职。怎么样才能做到呢?必须经过十年寒窗苦读,承受种种人生的寂寞。然而与"一举成名天下知"的巨大诱惑相比,"十年寒窗无人问"也就不再痛苦。即使今天,生活中仍然有人用这些格言来劝人好好读书。

jiǔ zhài xún cháng xíng chù yǒu, rén shēng qī shí gǔ lái xī。

酒债寻常行处有,人生七十古来稀。

【注释】

1.酒债寻常行处有,人生七十古来稀:语出唐代诗人杜甫的《曲江》,意思是,作者到处都欠有酒债,之所以这么放纵饮酒,就在于活过七十岁的人自古就很少。

【译文】

酒债走到哪儿都有,人活到七十岁自古就很少。

【讲解】

这则选自杜甫《曲江》诗,联系该诗的创作背景和杜甫的生平,应该是为了表达作者对政治失意的一种愤激之情。但在日常生活中,后半句常常被单独引用,变为对高寿不易的感慨,与杜甫诗中的原意已经相去甚远。

养儿待老,积谷防饥。鸡豚狗彘之畜,无失其时。数口之家,可以无饥矣。常将有日思无日,莫把无时当有时。

【注释】

1.鸡豚狗彘之畜,无失其时:语出《孟子·梁惠王上》。豚,小猪。彘,猪。意思是对鸡猪狗的喂养,不要错过它们繁殖的时机。

2.数口之家,可以无饥矣:语出《孟子·梁惠王上》,意思是几口人的家庭,就可以不挨饿了。

【译文】

养儿是为了防老,积蓄粮食是为了防备饥荒。鸡猪狗的喂养,不要错过它们繁殖的时机,几口人的家庭,就可以不挨饿了。常常在有吃穿的时候想想没有吃穿的日子,不要把没有的时候当作有的时候。

【讲解】

本段讲如何持家。持家最为重要的是要会打算,有计划,要注重积蓄,同时还需要节俭过日子。这里提到的第一点,是要做到"积谷防饥",要做好平常的积蓄,以防备发生饥荒;第二点是养好各种家畜,这样可以确保数口之家不会挨饿;第三点,是要有节俭意识,就是要在有饭吃的时候多想想没有饭吃的日子,这样就自然不会浪费。这三点,即使在今天仍然非常有意义。

时来风送滕王阁，运去雷轰荐福碑。

【注释】

1. 滕王阁：位于江西南昌，为唐高祖李渊之子李元婴任洪州都督时所创建，因李元婴封为滕王，故称滕王阁。

2. 荐福碑：江西鄱阳荐福寺的寺碑，是唐代著名书法家欧阳询所书。

【译文】

时运来了，风会送你到滕王阁；时运没了，雷能击毁荐福碑。

【讲解】

《增广贤文》有许多关于命运的格言，本则就是其中之一。本则所说的是两个典故。前一句说的是，唐代王勃在去南昌时，得到了风神相助，路途虽远，但一夜之间就到了南昌，从而在滕王阁的聚会上写下了千古名篇《滕王阁序》。后一句说的是宋代饶州有一个穷苦潦倒的书生，当时在饶州做官的范仲淹想帮助他，就让他去临摹荐福碑，荐福碑是唐代著名书法家欧阳询所书，摹本非常值钱。

可是就在当天晚上打雷时，荐福碑被击毁了。元代马致远据此创作了杂剧《半夜雷轰荐福碑》。这两个故事，意在说明时运对一个人的巨大影响。今天我们应该认识到：一个人命运的好坏，主要取决于个人的努力，不应夸大运气的因素。

入门休问荣枯事，观看容颜便得知。官清书吏瘦，神灵庙祝肥。

【注释】

1. 书吏：各官署吏员的总称。古代官与吏是分开的，吏属于雇员，是衙门的具体办事人员，他们常凭借着对公文、档案的垄断与控制，营私舞弊，成为一大弊政。

2. 庙祝：寺庙中负责香火的人。

【译文】

到人家后，不必打听家业荣枯之事，观察主人容颜气色就可以知道了。为官清廉，他的下属书吏就很清瘦；庙里的神仙很灵，管香火的就一定肥胖。

【讲解】

世事洞明皆学问。这几则都是在讲生活中如何学会察言观色。当然，对书吏、庙祝的描述，也是对社会丑恶现象的批评。

息却雷霆之怒，罢却虎狼之威。饶人算人之本，输人算人之机。好言难得，恶语易施。一言既出，驷马难追。

【注释】

1. 息却：平息除去。　　雷霆：震怒的状态。

2. 罢却：停止，收起。

3. 饶人：宽恕别人。　　算：算是，算作。　　人之本：做人的根本。

4. 输人：输给别人，不争强好胜的意思。　　机：关键。

5. 驷马：同驾一车的四匹马。

【译文】

平息雷霆般的怒气,收起虎狼般的威风。宽恕别人是做人的根本,输给别人(不争强好胜)是做人的关键。说别人好话很难得,说别人坏话很容易。一句话说出去后,四匹马拉的车子也追不回来。

【讲解】

本段告诫我们在生活中该如何对待他人,怎样与他人相处。首先,不要暴怒,不要盛气凌人,这样会拉远你和别人的距离。其次,要懂得宽恕别人,不争强好胜。第三,要做到言语谨慎,不要说别人坏话,更不要恶语伤人,因为这种伤害往往是无法挽回的。有一点要注意,"驷马难追"在这里指的是一个人要言语谨慎,今天我们通常指一个人要说话算话,所谓"君子一言,驷马难追"。

道吾好者是吾贼,道吾恶者是吾师。路逢侠客须呈剑,不是才人莫献诗。三人同行,必有我师焉,择其善者而从之,其不善者而改之。

【注释】

三人同行,必有我师焉,择其善者而从之,其不善者而改之:出自《论语·述而》。

【译文】

说我好话的人是害我的人,指出我缺点的人是我的老师。路上遇到侠客就呈上宝剑,遇到的不是才子就不要献诗。三人同行,其中一定有我的老师,选择好的方面去学习,不好的方面,就反观自己加以改正。

【讲解】

本段几则都是在告诫人们要善于向别人学习。生活中,所有人都有可能成为自己的老师,他们身上总会有值得我们学习的地方。要善于学习别人,就必须做到能够倾听别人对自己的批评,忠言逆耳,指出我缺点的人才是良师。"三人同行,必有我师焉",这是孔子对我们的教导,已成为妇孺皆知的常识。但要做到却并不容易,因为人很容易犯自以为是的毛病,很难做到反省自己。

少壮不努力,老大徒悲伤。

【注释】

少壮不努力,老大徒悲伤:出自汉乐府诗《长歌行》。

【译文】

年轻力壮的时候不奋发努力,到了年老时只能白白地悲伤罢了。

【讲解】

本段劝诫人们要珍惜年少时光,勤奋好学。

人有善愿,天必佑之。

【译文】

一个人如果有善良的愿望,上天也会保佑他。

【讲解】

本则意在说明,上天会帮助善良的人,每个人都要努力做一个心地善良的人。

莫饮卯时酒,昏昏醉到酉。莫骂酉时妻,一夜受孤凄。

【注释】

1. 卯:早上5时到7时。

2. 酉:下午5时到7时。

【译文】

不要在清晨时饮酒,这样会昏沉沉醉到傍晚。不要在傍晚骂妻子,这样一夜都会孤独寂寞。

【讲解】

这是关于日常生活的两则告诫:一是不要一大早就喝酒,这样会导致一天都做不了事情；二是不要在黄昏时候和妻子冲突，这样会一夜都孤独寂寞。这两则语言通俗，但却很有道理。

种麻得麻，种豆得豆。天网恢恢，疏而不漏。见官莫向前，做客莫在后。宁添一斗，莫添一口。螳螂捕蝉，岂知黄雀在后。不求金玉重重贵，但愿儿孙个个贤。

【注释】

恢恢：宽阔广大的样子。

【译文】

种麻得麻，种豆得豆。天网广阔宏大，虽然稀疏但不会有遗漏的地方。见官时不要靠前，做客时不要靠后。宁愿为家多添一斗粮食，不要饱后再加饭。螳螂一心在捕蝉，怎么能知道黄雀在它的后边。不追求家中有贵重的金玉,只希望儿孙们个个贤能。

【讲解】

本段是一些耳熟能详的民谚和格言,富于生活气息,但又道理深刻。

yī rì fū qī bǎi shì yīn yuán bǎi shì xiū lái tóng
一日夫妻,百世姻缘。百世修来同
chuán dù qiān shì xiū lái gòng zhěn mián
船渡,千世修来共枕眠。

【注释】

1. 百世：指很长的时间。按照古人说法，一世等于三十年，这里的"百世"和下文的"千世"，并不是实指。

2. 修来：有幸得到。

【译文】

做一天夫妻，也要百世修来的姻缘。百世修来的缘分才能同船渡水，千世修来的缘分才能同床共枕。

【讲解】

夫妻关系是最为基本的人伦关系，也是家庭存在的基础，因此，夫妻关系是非常重要的社会关系。在古人看来，人世是轮回的，成为夫妻是百世修来的缘分，有什么理由不加以珍惜呢？人世轮回，前世姻缘，这些观念显然是迷信，在今天已经不合时宜了。但是，它们所传递的对夫妻关系与情感的珍重，却仍然有积极的意义。

shā rén yī wàn　　zì sǔn sān qiān　　shāng rén yī yǔ
杀人一万，自损三千。伤人一语，
lì rú dāo gē
利如刀割。

【译文】

杀死一万敌人,自己也损失三千。伤人的一句话,锋利得像刀割一样。

【讲解】

本段的主题是告诫人们要与人为善,不要去伤害别人。伤害别人,就像与敌人作战,虽然杀死一万个敌人,看上去取得了胜利,但是自己一方也要付出代价。伤害不仅是肉体或外在的物质上的损失,言语也是锋利的凶器,也足以杀伤别人,这就是所谓的"利如刀割"。

kū mù féng chūn yóu zài fā　　rén wú liǎng dù zài shào
枯木逢春犹再发,人无两度再少
nián　　wèi wǎn xiān tóu sù　　jī míng zǎo kàn tiān
年。未晚先投宿,鸡鸣早看天。

【注释】

犹:还能。

【译文】

枯萎的树木,到了春天还能再度发芽;人却不能拥有两次少年时期。旅行时，天还没有黑就要先投宿，鸡鸣时就起来看看天亮了没有。

【讲解】

本段两则从不同方面强调要珍惜时光，早作打算，做到未雨绸缪。

<ruby>将<rt>jiàng</rt></ruby><ruby>相<rt>xiàng</rt></ruby><ruby>胸<rt>xiōng</rt></ruby><ruby>前<rt>qián</rt></ruby><ruby>堪<rt>kān</rt></ruby><ruby>走<rt>zǒu</rt></ruby><ruby>马<rt>mǎ</rt></ruby>，<ruby>公<rt>gōng</rt></ruby><ruby>侯<rt>hóu</rt></ruby><ruby>肚<rt>dù</rt></ruby><ruby>里<rt>lǐ</rt></ruby><ruby>好<rt>hǎo</rt></ruby><ruby>撑<rt>chēng</rt></ruby><ruby>船<rt>chuán</rt></ruby>。

【注释】

堪：能够。

【译文】

将相的心胸开阔可以容得下马跑，公侯的肚里宽阔得可以行船。

【讲解】

这是大家非常熟悉的谚语。它通过胸前走马、肚里撑船形象地说明身居高位的王侯将相必须要有宽阔的胸怀，没有雅量，也就不配身居高位。类似的民谚还有"宰相肚里能撑船"，说的也是同样的意思。

富人思来年,穷人思眼前。世上若要人情好,赊去物件莫取钱。死生有命,富贵在天。

【注释】

死生有命,富贵在天:出自《论语·颜渊》。意思是人的生死都是命中注定,能不能富贵全在于上天。

【译文】

富人思考来年的事情,穷人却只能顾及眼前。在世上,若想大家说你好,赊给别人的东西就不要钱。人的生死都是命中注定,能不能富贵全在于上天。

【讲解】

富人之所以可以想得远,是因为他们不必为眼前的生计发愁。而穷困潦倒的人,因为生计根本无暇想得太远。做人很难,做一个大家都说你好的人更难,这里以"赊去物件莫取钱"说明做一个好人的艰难。

击石原有火,不击乃无烟。为学始知道,不学亦徒然。莫笑他人老,终须还到老。但能依本分,终须无烦恼。

火镰

【注释】

1. 石:燧石,俗称"火石",中国古代常用一小块燧石和一把金属的火镰击打取火。

2. 道:道理。

【译文】

击打火石就该有火花,不撞击就不会有烟。为学才会懂得道理,不学就什么都不明白。不要笑话别人老了,自己也会有老的时候。只要能坚守本分,到老都不会有烦恼。

【讲解】

本段意在说明为学的重要性。火石可以点火,但仍需外力的撞击。和火石点火的道理一样,人也具有明理的潜能,然而如果不学习,同样也是枉然。

jūn zǐ ài cái　　qǔ zhī yǒu dào　　zhēn fù ài
君子爱财,取之有道。贞妇爱
sè　　nà zhī yǐ lǐ
色,纳之以礼。

【注释】

1.道:道义。

2.贞妇:贞洁的女性。　　色:美貌。

【译文】

君子爱财,但取之有道。贞洁的女性也喜欢美貌,但妆扮需符合礼仪。

【讲解】

钱财与美貌,是世上许多人面临的诱惑。君子与贞妇,并非不食人间烟火,同样面对这些诱惑。然而,他们坚守了一点,那就是"取之有道"与"纳之以礼"。

shàn yǒu shàn bào　è yǒu è bào　bù shì bù bào
善有善报,恶有恶报。不是不报,
rì zi wèi dào
日子未到。

【译文】

善有善报,恶有恶报。不是不报,日子不到。

【讲解】

中国古代很早就产生了报应观念,并用它来劝人向善,阻止恶行。比如在《周易》中就有:"积善之家,必有余庆;积不善之家,必有余殃。"报应观念在今天看来是荒诞不经的,但是,它在历史上曾经起到了非常大的"劝善止恶"的作用,这一点也是不容否认的。

rén ér wú xìn　　bù zhī qí kě yě

人而无信，不知其可也。

【注释】

人而无信，不知其可也：语出《论语·为政》。

【译文】

一个人不讲信用，真不知道该怎么办。

【讲解】

本则意在说明守信的重要。守信是做人的基本道德要求，信任是相互的，只有人人守信，才能建立起人与人之间的互信，社会生活才能正常地运行、发展。正因为如此,孔子还说过"民无信不立",也是强调"信"的重要性。

yī rén dào hǎo　　qiān rén chuán shí　　fán shì yào hǎo
一人道好,千人传实。凡事要好,
xū wèn sān lǎo　　ruò zhēng xiǎo kě　　biàn shī dà dào　　nián nián
须问三老。若争小可,便失大道。年年
fáng jī　　yè yè fáng dào
防饥,夜夜防盗。

【注释】

1. 三老:古代掌管地方教化的乡官,多由地方有声誉、能服众的年长者担任。

2. 小可:寻常,一般,这里指小事小非。

【译文】

一个人说好,千人相传就成为真的了。凡事要办好,就请教三老。如果争小事小非,就会背离大的道理。年年预防饥荒,夜夜防备偷盗。

【讲解】

本段所录的是一些生活中的箴言。"一人道好,千人传实"准确地描绘了人们的从众心理，人们在传言面前往往选择轻信，有些事一传十，十传百，假的也就成了真的。"凡事要好，须问三老"是要求人们善于倾听有经验人的意见，遇事多向德高望重的老人请教，不仅是对老人的尊重，更是做好事情的重要前提。"若争小可，便失大道"则是告诫我们不要斤斤计较一些枝叶问题，不要纠缠于小事小非，否则就会有违我们的初衷，违背事物的规律。"年年防饥，夜夜防盗"，则是让我们时刻警惕，做到未雨绸缪，从而减少各种损害。

xué zhě rú hé rú dào　bù xué zhě rú hāo rú cǎo
学者如禾如稻，不学者如蒿如草。

【注释】

蒿：一种野生草本植物。

【译文】

学习的人就像禾苗和稻谷，不学习的人就像蒿草。

【讲解】

本段用禾苗稻谷与青蒿野草作对比，来强调学习的重要性，鼓励人们热爱学习，努力学习。

遇饮酒时须饮酒,得高歌处且高歌。

【译文】

喝酒时一定要饮酒尽欢,能高歌就暂且放声高歌。

【讲解】

本则宣扬了及时行乐、得过且过的消极人生观。人无远虑,必有近忧,还是应该做一个时刻保持清醒的人,不能做一个只顾眼前的近视者。

因风吹火,用力不多。不因渔父引,怎得见波涛。

【注释】

因:凭借。

【译文】

借着风势来吹火,用力就不多。不凭借渔父的引导,怎么能见到波涛。

【讲解】

本段意在说明凭借外力的重要性。借助有利的条件,人们常常会事半功倍,火借风势就是这个道理。当然善于利用外力,并不是放弃自我的努力,毕竟所有的外力都不能取代自身的努力。

无求到处人情好,不饮从他酒价高。知事少时烦恼少,识人多处是非多。入山不怕伤人虎,只怕人情两面刀。强中更有强中手,恶人须用恶人磨。会使不在家豪富,风流不用着衣多。

【注释】

1. 从他：任他，随便他。
2. 会使：善于用钱，懂得如何用钱。

【译文】

不求别人，到处人情都好；不饮酒，随便他酒价多高。知道事情少，烦恼就少；认识人多，是非就多。入山不害怕能伤人的老虎，却怕世间人情两面三刀的虚伪。本领高强的人中还有更高强的，恶人也会受到更恶的人折磨。懂得如何用钱的人不在乎是否家中富有，漂亮的人不在于穿盛装。

【讲解】

本段内容上并不连贯，但都是教导我们如何为人处世的箴言。世道艰难，人情冷暖，是《增广贤文》中反复感慨的主题。这里"无求到处人情好""识人多处是非多""只怕人情两面刀"都是在感慨人情的虚伪，做人的难处。然而，如果人人都不坦诚相待、互帮互助，那么，这个世界还会有真情可言吗？

guāng yīn sì jiàn，rì yuè rú suō。tiān shí bù rú dì

光阴似箭，日月如梭。天时不如地

利，地利不如人和。黄金未为贵，安乐值钱多。

【注释】

1.梭：织布时往返牵引纬线的工具，两头尖，中间粗，这里用来比喻日月的快速交替。

2.天时不如地利，地利不如人和：出自《孟子·公孙丑》，意思是有利的时机和气候不如有利的地势，有利的地势不如人的齐心协力。

【译文】

光阴像箭一样飞逝，日月像梭子一般快速交替。有利的时机和气候不如有利的地势，有利的地势不如人的齐心协力。黄金并不算贵重，人生安乐要（比黄金）值钱很多。

【讲解】

　　射出后高速飞行的箭与织布时穿梭不停的梭子，是古人生活中最为直观的时间流逝的经验，因此，这里用它们来感慨时间飞逝，永不停息，提醒我们珍惜生命。"天时不如地利，地利不如人和"则出自《孟子》，原意是告诉我们在战争胜利的诸多因素中，人和所起到的决定性作用。其实，不仅仅是战争，其他事物也是如此，人自身的因素远比外在的其他因素更加重要。"黄金未为贵，安乐值钱多"则是告诉我们，安乐的生活要比黄金更加值得珍惜。但人生不应当以安乐作为奋斗目标，应该赋予生命更加高远的理想和追求。

世上万般皆下品，思量唯有读书高。世间好语书说尽，天下名山僧占多。

【注释】

1. 下品：魏晋时期用"九品中正制"来选拔官员，将官员按上、中、下分为九品，其中"下上、下中、下下"三个等级称为下品，后泛指事物的最低等级。

2. 思量：仔细想，考虑。

3. 好语：好话，指有道理的话。

【译文】

世上万般事物都是下品，细细考虑只有读书是最高的。世界上有道理的好话都让各种书籍说尽了，天下名山让僧人占了多数。

【讲解】

本段意在强调书籍的价值和读书的重要性。书籍是记载人类知识的重要载体，这里用非常通俗的语言来说明它的重要，生活中我们见到名山都被僧人用来修建庙宇道观，这就像有道理的话都在书中一样。书籍这么重要，那么读书自然就更加重要，在古代中国，读书与做官是相联系的，书读得好就可以做官，因此，与其他事情相比，读书是最为高贵的事业。这种思想虽然带有明显的封建烙印，但是书籍的价值和读书的重要性在今天依旧值得我们重视。

为善最乐，为恶难逃。羊有跪乳之恩，鸦有反哺之义。

【注释】

1. 跪乳：跪着吃奶。

2. 反哺：指反过来喂养父母。

【译文】

做善事是最快乐的事情，做了恶事难逃惩罚。羊羔有跪下吃奶的感恩之心，乌鸦有反过来喂养母亲的情义。

【讲解】

人做善事是最快乐的。孝敬赡养父母就是一种善行，是一种美德。生活中，我们看到羊羔吃奶时，都是下跪的姿态，乌鸦据说会喂食自己的母亲。羊羔和乌鸦都知道感恩父母，何况人呢？

你急他未急，人闲心不闲。隐恶扬善，执其两端。

【注释】

隐恶扬善，执其两端：语出《中庸》："子曰：'舜其大知也与，舜好问而好察迩言，隐恶而扬善。执其两端，用其中于民……'"意思是，隐藏别人的坏处，宣扬别人的好处，避免过与不及的状态，而采取中庸之道。

【译文】

你急别人不着急，人闲暇了心却闲不下来。隐藏别人的坏处，宣扬别人的好处，避免过与不及的状态。

【讲解】

中庸之道是儒家最为推崇的一种人生态度和智慧。其要义就在于要做到不偏不倚、无过无不及，是一种适中的状态。"隐恶扬善，执其两端"就是一种中庸的状态。据说古代的圣王大舜在治理国家时，善于征求各种意见，考察各种行为，面对这些意见和行为，他做到了"隐恶扬善"，避免过与不及，而用"适中"来推行各种政策。

qī xián fū huò shǎo　　zǐ xiào fù xīn kuān
妻贤夫祸少，子孝父心宽。

【译文】

妻子贤惠丈夫的灾祸就少，儿子孝顺父亲就可以放宽心。

【讲解】

妻子贤惠，子女孝顺，代表着家庭和睦。

既坠釜甑，反顾无益。翻覆之水，收之实难。

【注释】

既坠釜甑：既，已经。坠，坠落。釜甑，古代用来做饭的炊具。意思是，釜甑已经掉到地上。

【译文】

已经掉到地上的釜甑，再看也没用了。已经翻洒倒出的水，收回来实在困难。

【讲解】

用打碎了的釜甑，泼洒出去的水，来劝诫人们已经发生的事情，再后悔、再自责都没有用了。一方面，我们要小心警惕，避免犯错误；另一方面，已经发生的错误，已经做过的事情，悔之无益，关键是要吸取教训，改正错误。

人生知足何时足,人老偷闲且是闲。但有绿杨堪系马,处处有路透长安。

【注释】

1. 堪:能够。

2. 透长安:"透"应作"通",意思是通往长安。

【译文】

要想人生知足,不知道何时能知足;人已经老了,能偷闲就偷闲吧。只要有绿色杨柳树可以拴马,处处都有路通往长安。

【讲解】

本段意在告诫我们,为人要知足,处世要豁达。人的欲望是没有止境的,该知足就要知足,所以年老了要懂得放手,能偷闲就偷闲。天下处处道路都通往长安,骑马去长安,路上所需的不过是能够拴马的杨柳树而已,不需要那么多不必要的东西。

见者易，学者难。莫将容易得，便作等闲看。用心计较般般错，退步思量事事难。

【注释】

1. 见：看上去。

2. 等闲：平常。

3. 般般：件件，每一件。

【译文】

看上去容易，学起来困难。不要将容易得到的，就看作平常之物。用心计较，就觉得件件事情都做错了，退一步考虑，就觉得每一件事情都很难。

【讲解】

"见者易，学者难"规劝我们不要眼高手低，很多事情，看上去很简单，一旦亲力亲为，就会发现学会它真的很难。"莫将容易得，便作等闲看"则是指出我们经常犯的一种错误，人们总是不珍惜已经得到或拥有的东西，总是把它们视为等闲之物。

道路各别，养家一般。从俭入奢易，从奢入俭难。

【注释】

一般：一样。

【译文】

道路各有不同，持家的方法是一样的。从俭朴到奢侈容易，从奢侈到俭朴就很难。

【讲解】

本段意在说明俭朴持家的道理。虽然每个家庭具体情况各异，但持家基本原则是相同的：那就是俭朴。俭朴立家就要做到持之以恒。从俭朴到奢侈是非常容易的，然而，一旦变得奢侈了，再想俭朴就会很难了。因此，必须坚持俭朴持家，反对奢侈。

知音说与知音听，不是知音莫与弹。

【注释】

知音：据《列子·汤问》记载，俞伯牙善弹琴，钟子期善听琴。伯牙弹到志在高山的曲调时，子期就说"峨峨兮若泰山"；弹到志在流水的曲调时，钟子期又说"洋洋兮若江河"。钟子期死后，伯牙不再弹琴，因为没有人能像钟子期那样懂得自己的琴声。于是，"知音"也就成为知己朋友的代称。

【译文】

知音只能说给知音听，不是知音就不要弹琴给他听。

【讲解】

本则来自俞伯牙与钟子期的故事，高山流水，已经成为千古绝唱。这里也以此感慨人生知己难求，知音难遇。

diǎn shí huà wéi jīn，rén xīn yóu wèi zú。xìn liǎo
点石化为金，人心犹未足。信了
dù，mài liǎo wū
肚，卖了屋。

【注释】
1. 点石：相传古代有用手指一点使石成金的一种法术。
2. 信了肚：顺从饮食之欲。

【译文】
点石成金，人心还不满足。为了肚子，可能就要卖了房屋。

【讲解】
点石成金，尚且不能满足人的贪欲，可见人的贪欲多么顽固！生活之中，即使是饮食的欲望，也足以导致人们卖掉居住的房子。点石成金，信肚卖物，表达了节制欲望、制止贪欲的鲜明立场。

tā rén guān huā，bù shè nǐ mù。tā rén lù
他人观花，不涉你目。他人碌
lù，bù shè nǐ zú
碌，不涉你足。

【注释】

1. 涉：关涉。

2. 碌碌：奔波而平庸的样子。

【译文】

他人看花，与你的眼睛无关。他人奔波劳碌，与你的脚无关。

【讲解】

生活中，我们常常受到他人的影响，迷失了自己。作者告诉我们，其实不管他人做什么，与你都没有多大关系，一个人应当做到心无旁骛，专心致志，坚守自己的理想不动摇。

谁人不爱子孙贤，谁人不爱千钟粟。莫把真心空计较，五行不是这题目。

【注释】

1. 千钟粟：钟，中国古代计量单位；粟，俗称谷子。这里用来代指高官厚禄。

2. 五行：古代中国的命运理论认为，人的命运是由"金、木、水、火、土"五种元素的互生、互克关系决定的，比如金可以克木，木可以克土，土可以克水，水又可以克火，火可以克金。这样就可以根据一个人的五行属性，判断他命运的好与坏。

【译文】

没有人不喜欢子孙贤达，没有人不喜欢高官厚禄。不要用尽心力去白白谋划这些，必须知道你的五行里根本就没有这样的运气。

【讲解】

《增广贤文》有许多条都是宣扬命运论的，这说明古代中国，人们对命运的高度关注。命运理论，将人的命运归结为先天注定，归结为五行之气的生克造成的。这是由当时的认识水平决定的，我们今天应以科学客观的态度看待人生的逆境和顺境。

yǔ rén bù hé　quàn rén yǎng é　yǔ rén bù mù
与人不和，劝人养鹅。与人不睦，
quàn rén jià wū　dàn xíng hǎo shì　mò wèn qián chéng
劝人架屋。但行好事，莫问前程。

【注释】

1. 养鹅：鹅在古代被认为是一种吉祥的家禽，养鹅可以辟邪，因此，劝人养鹅是一种善意的举动。

2. 架屋：即建房。架屋是中国古代非常重要的建筑活动，会有许多吉祥的祈祷仪式，在这里也被视为善意的行为。

【译文】

与人不和，就劝人养鹅。与人不和睦，就劝人盖房子。只做好事，不要问结果。

【讲解】

本段意在强调人们之间应该和睦相处。人与人之间，难免会有矛盾，有了矛盾不是记住仇恨，而是要去积极化解，用善意的举动来解决矛盾。养鹅架屋,是古代人们认为非常吉利的好事。与人不和睦了,还去劝说、帮助别人养鹅盖房子,这是一种美好的善行,做这样的善行,不要问回报,只管做就可以了,相信善意终将会化解所有的矛盾。

<ruby>河<rt>hé</rt></ruby><ruby>狭<rt>xiá</rt></ruby><ruby>水<rt>shuǐ</rt></ruby><ruby>急<rt>jí</rt></ruby>,<ruby>人<rt>rén</rt></ruby><ruby>急<rt>jí</rt></ruby><ruby>计<rt>jì</rt></ruby><ruby>生<rt>shēng</rt></ruby>。<ruby>明<rt>míng</rt></ruby><ruby>知<rt>zhī</rt></ruby><ruby>山<rt>shān</rt></ruby><ruby>有<rt>yǒu</rt></ruby><ruby>虎<rt>hǔ</rt></ruby>,<ruby>莫<rt>mò</rt></ruby><ruby>向<rt>xiàng</rt></ruby><ruby>虎<rt>hǔ</rt></ruby><ruby>山<rt>shān</rt></ruby><ruby>行<rt>xíng</rt></ruby>。<ruby>路<rt>lù</rt></ruby><ruby>不<rt>bù</rt></ruby><ruby>行<rt>xíng</rt></ruby><ruby>不<rt>bù</rt></ruby><ruby>到<rt>dào</rt></ruby>,<ruby>事<rt>shì</rt></ruby><ruby>不<rt>bù</rt></ruby><ruby>为<rt>wéi</rt></ruby><ruby>不<rt>bù</rt></ruby><ruby>成<rt>chéng</rt></ruby>。<ruby>人<rt>rén</rt></ruby><ruby>不<rt>bù</rt></ruby><ruby>劝<rt>quàn</rt></ruby><ruby>不<rt>bù</rt></ruby><ruby>善<rt>shàn</rt></ruby>,<ruby>钟<rt>zhōng</rt></ruby><ruby>不<rt>bù</rt></ruby><ruby>打<rt>dǎ</rt></ruby><ruby>不<rt>bù</rt></ruby><ruby>鸣<rt>míng</rt></ruby>。

【译文】

河流狭窄,水流就会湍急,人在紧急时就会想出好的计策。明知道山上有老虎,就不要向有虎的山中去行走了。路不走就到不了目的地,事情不做就不会成功。人不进行劝化就不会行善,钟不经敲打就不会鸣响。

【讲解】

本段都是通过生活中或自然界一些现象,来阐明一些道理。河流狭窄了，水流就会湍急，同样人也会急中生智。在明知山上有虎的情况下，就不要再上山了，这不是胆怯，而是不要涉险。当然也会有人"偏向虎山行"，因为事在人为，"事不做不成""人不劝不善"。这些认知非常富于哲理，又直白易懂。

无钱方断酒，临老始看经。点塔七层，不如暗处一灯。

【注释】

1.经：佛经，意思是到了老年才开始读诵佛经。

2.点塔：佛教徒为了表示虔诚，在佛塔上点灯供奉。

【译文】

没有钱了才戒酒，到了老年了才开始读佛经。点灯供奉七层佛塔，不如在黑暗处点燃一盏灯。

【讲解】

本段主要讲人要及早明理知错，不然会后悔莫及。

万事劝人休瞒昧，举头三尺有神明。但存方寸土，留与子孙耕。灭却心头火，剔起佛前灯。

【注释】

1. 但存方寸土，留与子孙耕：表面意思是留点方寸大的土地，让子孙耕种。实际意思是，要积善行德，为子孙后代留下一片善心。

2. 剔起佛前灯：将佛前的灯盏剔亮，这里的意思是信奉佛教。古代的灯多是燃油的，灯绳会出现灰节，需要经常剔除。

【译文】

做所有事情，人都不要欺瞒，抬头三尺就有神灵在看着你。留点方寸大的土地，让子孙耕种。灭去心头的种种欲火，剔亮佛前的灯光。

【讲解】

本段是用佛教来劝人向善。宣称神灵无处不在，做任何事情都不可欺瞒。又要求人不仅为自己，也要为子孙后代留下一片善良的心。应该说，宗教在劝善方面具有重要作用，对于民众的影响也很大。其实，对于我们绝大多数人而言，"神明"就是良心或者道德天平，每个人的所作所为都应对此负责。

惺惺常不足，懵懵作公卿。众星朗朗，不如孤月独明。

【注释】

1. 惺惺：聪明机灵的意思。
2. 懵懵：糊里糊涂。

【译文】

聪明的人常常意识到自己的不足，糊涂的人把自己看作公卿。群星明朗，却比不上一个月亮更明亮！

【讲解】

人要正视自己，也要会正视他人。不可自视太高，自视太高的人常常对自己无知，对他人也无知，以为自己有公卿之才。"众星朗朗，不如孤月独明"，则是告诉我们优秀人才的重要，满天星斗，群星闪烁，看上去却不如一轮月色那么明亮。

xiōng dì xiāng hài　　bù rú zì shēng　　hé lǐ kě zuò
兄弟相害，不如自生。合理可作，
xiǎo lì mò zhēng
小利莫争。

【译文】

兄弟之间相互伤害，还不如自存自立。符合情理的就去做，蝇头小利就不要去争。

【讲解】

兄弟是基于血缘的一种人伦关系，本来应该互帮互助。但是在利益面前，有时会影响兄弟之情。与其相互伤害，不如自力更生。这是明智的做法。我们每个人做事，也都要把握一个原则，那就是是否符合情理，千万不要为了蝇头小利而争个不休。

mǔ dān huā hǎo kōng rù mù　　zǎo huā suī xiǎo jié
牡丹花好空入目，枣花虽小结
shí chéng
实成。

【译文】

牡丹花虽好却只能用来观赏,枣花很小却能结出果实。

【讲解】

本则用牡丹和枣花作对比,说明生活中有时候非常美丽的东西,常常徒有其表,华而不实。

qī lǎo mò qī xiǎo　　qī rén xīn bù míng
欺老莫欺小,欺人心不明。

【注释】

不明:不明事理。

【译文】

即便欺负老年人也不要欺负少年,(因为少年前程远大,将来可能居于你之上)欺负人的人是不明事理的人。

【讲解】

我们提倡尊老爱幼,老年人和孩子都是弱势群体,都是我们关爱的对象。

_{suí fèn gēng chú shōu dì lì   tā shí bǎo mǎn xiè}
随分耕锄收地利,他时饱满谢
_{cāng tiān}
苍天。

【注释】

1. 随分:分,本分,意思是做自己能做的,尽力去做。
2. 地利:指收成。

【译文】

尽力去耕种除草以获得收成,等到作物颗粒饱满时感谢苍天保佑。

【讲解】

古代的农业，靠天吃饭，丰收与否全看气候如何，干旱、洪涝、冰雪等各种自然现象都会影响收成。因此，人要尽力耕作，这是尽人事。然而，收成好了，还不要忘记老天的功劳，风调雨顺是丰收的重要原因。推而广之，所有的成功，并不仅仅是自己奋斗的结果，还有许多方方面面的帮助，因此，我们要以感恩之心看待自己的成功。

得忍且忍，得耐且耐。不忍不耐，小事成大。

【译文】

能忍就忍，能耐得住就耐住。不忍不耐得住，小事也变成大问题。

【讲解】

本段意在告诉我们，忍耐是一种重要的品格。但是，忍耐也要注意分寸，原则性的问题不能一味忍耐，正因为有了很多"不忍耐"，社会才得以发展进步。

相论逞英雄，家计渐渐退。贤妇令夫贵，恶妇令夫败。一人有庆，兆民咸赖。

【注释】

1. 相论：相互攀比，争斗。

2. 一人有庆，兆民咸赖：语出《孝经·天子章第二》，原作"一人有庆，兆民赖之"，意思是，天子善良优秀，民众就可以获得长久的安宁。兆民，指广大民众。

【译文】

相互争论斗气以表现所谓的英雄气概，家庭生计就会渐渐衰败。贤惠的主妇可以让丈夫富贵，不好的主妇会让丈夫失败。天子善良优秀，民众就有了依靠。

【讲解】

本段前两则都是关于家庭的。相互之间盲目攀比，争强好胜，往往会导致生计艰难，家庭衰败。而主妇是一个家庭兴衰的重要原因。这两点都是非常有道理的。家庭如此,国家也如此。对于国家而言,国君优秀有作为,那么老百姓就有了依靠,就可以过上好日子。

rén lǎo xīn wèi lǎo　　rén qióng zhì mò qióng　　rén wú qiān
人老心未老,人穷志莫穷。人无千
rì hǎo　　huā wú bǎi rì hóng
日好,花无百日红。

【译文】

人会老去,但内心却未必变老。人可以在财富上贫穷,但志气不能贫穷。人不可能一直都是顺利的,就像花朵不能保持百日的鲜红。

【讲解】

人可以从年龄上老去,但是应该时刻保持一颗年轻的心,不能让自己的内心也随着生命的流逝而慢慢变老。同样,人可以穷困,但是不可没有志气。要知道,人不可能一帆风顺,就像花朵一样不可能长期盛开,永不衰败。

杀人可恕，情理难容。

【译文】

即使杀人的理由可以宽恕，但在情理上也是难以容忍的。

【讲解】

人所犯的罪恶，莫大于残害生命。本则所说的"杀人可恕"，并不是真的原谅宽恕杀人的恶行，而是以退为进，意思是不管你有多少借口和理由，杀人这件事在情理上都令人难以容忍。

乍富不知新受用，乍贫难改旧家风。座上客常满，樽中酒不空。屋漏更遭连年雨，行船又遇打头风。笋因落箨方成竹，鱼为奔波始化龙。

【注释】

1. 乍:刚刚。　受用:享受。

2. 座上客常满,樽中酒不空:语出《后汉书·孔融传》,孔融任太中大夫,"宾客日盈其门,常叹曰:'座上客恒满,尊中酒不空,吾无忧矣。'"是孔融在升官后,对宾客盈门的一种感慨。

3. 连年雨:一作"连夜雨",形容阴雨连绵。

4. 箨:笋壳。

【译文】

刚刚富有的人还不知道怎么享受,刚刚贫穷的人还改不掉旧时奢华的家风。家里经常坐满宾客，杯中美酒从来不空。屋漏了又逢上了连绵大雨，行船时遇到了迎头大风。笋因外壳剥落才成为竹子，鱼儿由于在波浪中翻腾方才变成蛟龙。

【讲解】

《增广贤文》的内容非常丰富，涵盖生活许多方面，有的是对世道人情的描述，有的是对自然知识的总结，但归根结底都是围绕着为人处世展开的。这几则也是如此，读来无不令人深思。

记得少年骑竹马，看看又是白头翁。

【注释】

竹马：儿童游戏时当马骑的竹竿，常用来借指童年的美好生活。

【译文】

还记得少年时骑竹马游戏的情景，转眼就又成了白发苍苍的老翁。

【讲解】

本则表述的是对人生易老的感慨。选取了两个鲜明的形象作对比——儿时的竹马和老年的白发,时间飞逝,不言而喻。

礼义生于富足,盗贼出于贫穷。

【译文】

礼义产生于富足,盗贼多出于贫穷。

【讲解】

本则探讨了礼义和盗贼产生的社会原因,这是希望统治者能使国富民安。

天上众星皆拱北,世间无水不朝东。

【注释】

拱北:古人认为,天上的星星都是围绕着北极星旋转,故称拱北。拱，环绕。

【译文】

天上的星星都环绕着北极星，地上的水都朝东流。

【讲解】

本则是古人对自然现象的观察，他们认为天上星星有一个中心，那就是北极星；而中国大陆主要地貌是西高东低，所以似乎所有的水都向东流。受古人认知的能力所限，应该说这两个观点都是不正确的，但他们主要以此来论证统治者的唯一性和合法性。

jūn zǐ ān píng　　dá rén zhī mìng
君子安平，达人知命。

【译文】

君子能安于平淡的生活，通达的人能正确认识自己的命运。

【讲解】

本则是对君子和达人人生境界的一种描述，不论是安平还是知命，背后其实都是对命运的消极认同。

忠言逆耳利于行,良药苦口利于病。顺天者存,逆天者亡。人为财死,鸟为食亡。

【译文】

有用的话常常听起来刺耳,却有利于人的行为。好的药喝起来味道苦涩,却有利于治病。顺从于天道的,可以存活;违背了天道的,就会灭亡。人为争夺财富而死,鸟为获得食物而亡。

【讲解】

本段几则都是生活中耳熟能详的格言,非常有道理,经得起时间的检验,即使到了今天仍然对我们具有指导意义。

夫妻相合好,琴瑟与笙簧。有儿贫不久,无子富不长。

【注释】

琴瑟、笙簧：都是乐器，古人常用琴和瑟、笙和簧来形容夫妻情感的和谐。

【译文】

夫妻亲密和睦，就像琴瑟与笙簧一样和谐。有了儿子，不会长久贫穷，没有儿子富有也不会长久。

【讲解】

本段强调的是夫妻和睦的重要性。夫妻和谐固然重要，但是古人认为儿子同样重要，没有儿子就没有继承，没有新的劳动力，家庭就会逐渐贫穷，这在农业时代是可以理解的。但今天社会进步了，男女各有所长，不应该再有男尊女卑的思想。

善必寿老，恶必早亡。爽口食多偏作病，快心事过恐生殃。

【译文】

善人必然长寿，恶人必定早亡。可口的食物吃多了反而会生病，开心的事过头了恐怕会遭殃。

【讲解】

本段第一则是劝人向善的，孔子也说过"仁者寿"，大概也是同样的意思。第二则则是告诫我们要懂得节制，不论是美食，还是快乐高兴的情绪，过了头就会走向反面，饱含哲理，发人深思。

富贵定要安本分，贫穷不必枉思量。画水无风空作浪，绣花虽好不闻

xiāng tān tā yī dǒu mǐ shī què bàn nián liáng zhēng tā yī
香。贪他一斗米，失却半年粮。争他一
jiǎo tún fǎn shī yī zhǒu yáng
脚豚，反失一肘羊。

【注释】

1. 一脚豚：豚的一脚。豚，小猪。

2. 一肘羊：羊的一个肘子。

【译文】

富贵一定要安守本分，贫穷的就不要白白去胡思乱想。画中的水没有风，浪潮都是假的，绣出来的花再好也闻不到香味。贪图别人一斗米，失去了半年的口粮，与别人争一只猪脚，却失去了羊的一个肘子。

【讲解】

本段意在强调人要安守本分，与世无争。在作者看来，不论是富贵的人，还是贫穷的人都要安守本分。安守本分，就是要做到不要胡思乱想，异想天开，图画中的波浪、绣出的鲜花，都不是真实的，不可当真。安守本分，还要做到不与人争，不要贪图一时之利，这样会得不偿失。

龙归晚洞云犹湿，麝过春山草木香。

【注释】

麝：麝獐，俗称香獐，雄性麝獐能分泌麝香。

【译文】

晚上龙回到洞里去了，龙所乘的云还湿着；春天麝獐经过山谷，草木都变香了。

【讲解】

龙是中国古人想象中的一种神异动物，它乘风云而行，潜于深渊之中。它所乘的云会沾上水汽，是湿的。雄性麝獐可以分泌香味，会让它所经过的草木都沾染上。作者用龙和麝獐来说明一个道理，那就是事情只要发生就会留下踪迹和影响。

平生只会量人短，何不回头把自量。见善如不及，见恶如探汤。

【注释】

见善如不及,见恶如探汤:语出《论语·季氏》,意思是看见善的,怕自己赶不上;看见邪恶,如同把手伸进开水中,就怕避不开。

【译文】

平生只会议论别人的缺点,为什么不回头掂量下自己。看见善的,怕自己赶不上;看见邪恶,如同把手伸进开水中要尽量避免。

【讲解】

本段主要讲人要懂得严以律己,明辨善恶。生活中,许多人常常说起别人的缺点时,唯恐不尽,而对自己的缺点却视而不见。一个人应该时刻反思自己,见到好的就要努力去追求,见到恶的,就要尽量避免。

<ruby>人<rt>rén</rt>贫<rt>pín</rt>志<rt>zhì</rt>短<rt>duǎn</rt></ruby>,<ruby>马<rt>mǎ</rt>瘦<rt>shòu</rt>毛<rt>máo</rt>长<rt>cháng</rt></ruby>。<ruby>自<rt>zì</rt>家<rt>jiā</rt>心<rt>xīn</rt>里<rt>lǐ</rt></ruby><ruby>急<rt>jí</rt></ruby>,<ruby>他<rt>tā</rt>人<rt>rén</rt>未<rt>wèi</rt>知<rt>zhī</rt>忙<rt>máng</rt></ruby>。<ruby>贫<rt>pín</rt>无<rt>wú</rt>达<rt>dá</rt>士<rt>shì</rt>将<rt>jiāng</rt>金<rt>jīn</rt>赠<rt>zèng</rt></ruby>,<ruby>病<rt>bìng</rt>有<rt>yǒu</rt>高<rt>gāo</rt>人<rt>rén</rt>说<rt>shuō</rt>药<rt>yào</rt>方<rt>fāng</rt></ruby>。

【译文】

人穷志短，马瘦就显得毛长。自己内心非常着急，别人仍旧不慌不忙。贫穷时没有人给你送钱财，病了可能有高人告诉你药方。

【讲解】

生活中，有时候物质财富的匮乏，的确会让人感到英雄气短。然而，这种联系并不是必然的，真正志存高远的人是不会介意这些的。穷困潦倒时可能需要他人的帮助，但也必须明白一点，别人帮助你并不是理所当然的，一切还在于你自己的努力。反过来，生病时，通常会有人告诉你治病的药方。这就是生活中我们常说的"救急不救贫"的道理。

触来莫与说，事过心清凉。秋至满山多秀色，春来无处不花香。

【注释】

触：抵触，触犯。

【译文】

有人触犯时，不要生气与之争辩，等到事情过去了心情自然就会清凉舒畅。秋天来了，满山都是秀丽的景色，春天来了，处处飘着花香。

【讲解】

本段意在告诫我们，遇到不平时，要保持冷静，不要在气头上争辩。其实很多时候，事情过去了，怒火自然就会熄灭，心情自然就平静了。怎样做到这一点呢？不妨看看美丽的自然景色，还有什么郁闷与怒火不能排遣呢?

凡人不可貌相,海水不可斗量。清清之水,为土所防。济济之士,为酒所伤。蒿草之下,或有兰香。茅茨之屋,或有侯王。无限朱门生饿殍,几多白屋出公卿。

【注释】

1.济济之士:很多有才能的人。

2.茅茨:指茅草盖的房屋。

3.朱门:红色的大门,古代王公贵族的住宅大门往往漆成红色,朱门用来指豪富之家。　　饿殍:饿死的人。

【译文】

人不可根据相貌来判断,海水不能用斗来称量。清清的水为土所阻挡，许多有才之士为饮酒所伤。蒿草之中，也可能有芬芳的兰花。茅草屋中，可能会有王侯居住。许多富豪之家的子弟会饿死，许多平民百姓家中走出了公卿。

【讲解】

本段内容告诉我们，凡事不可从表面看问题，要看到事物的发展变化。这同时也是一种激励，处于困境要看到希望。

醉后乾坤大，壶中日月长。万事皆已定，浮生空白忙。

【注释】

1. 乾坤：天地。

2. 壶中日月：《云笈七签》记载：有一位学道之人张申，他随身带着一个壶，壶中能够变化出天地日月，就像人世间一样。因此，人们称张申为"壶公"。后来就用"壶中日月"形容道家悠闲清静的无为生活。

【译文】

醉了之后天地都显得广大,清闲幽静,岁月都会变得漫长。万事都早已注定,平生空自忙碌奔波。

【讲解】

本段表达了万事注定、及时行乐的思想。这是一种不正确的生活态度,人生固然会有许多不如意之处,但不可因此消极,更不可认为一切早已注定。靠喝醉酒,麻木自己,无助于改变人生的不良状态,人应该努力把握自己的命运。

qiān lǐ sòng háo máo　　lǐ qīng rén yì zhòng
千里送毫毛,礼轻仁义重。

【注释】

毫毛:有版本作"鹅毛",指极其轻微的礼物。

【译文】

千里之外送上一根毫毛,礼物虽轻,但是情义很重。

【讲解】

这是大家生活中经常说的一句俗语,告诉我们与人相处之时,不应该介意礼物的轻重,而要注重那份宝贵的情义。

世事明如镜,前程暗似漆。光阴黄金难买,一世如驹过隙。

【注释】

驹:少壮的马。

【译文】

世事就像明镜般,但是前程却像漆一样黑暗。黄金买不到光阴,人活一世就像马儿飞驰过缝隙。

【讲解】

本段是对人生短暂、命运无常的感慨。人的一生如此短暂,光阴流逝,难以追回,而人生的未来又难以把握,这些足以让人感慨人生的无常。但是,也可以让我们充分认识到时间宝贵,进而珍惜人生,多做有益的事。

良田万顷，日食一升。大厦千间，夜眠八尺。千经万典，孝义为先。

【译文】

有良田万顷，一天也只能吃一升。有大厦千间，夜晚也只能睡八尺的地方。千万经典，孝义最为重要。

【讲解】

本段以通俗形象的语言告诉人们，人的需求是有限的，人所能享受的只是很少一部分。同样,阅读那么多的书籍,首先要懂得孝义之道。孝义,是古代社会最为重视的道德品质,时代变化了,孝义的内涵已经不同了。但是,知情达理,提升个人的道德修养,仍然是我们读书的第一要务。

一字入公门,九牛拖不出。衙门八字开,有理无钱莫进来。

【注释】

1. 一字:只有一个字的状纸。 公门:衙门,官吏的办公场所,古代各级官员也负责诉讼案件的审理,因此,公门或衙门也可指打官司。

2. 八字开:古代衙门的大门形状像"八字"一样。

【译文】

一个字的状纸送进衙门,九头牛都拖不回来。衙门八字打开,有理没有钱就不要进来。

【讲解】

在古代社会，司法黑暗，这段话形象地反映出老百姓对打官司的恐惧，以及对司法黑暗、腐败的严重不满。

富从升合起，贫因不算来。家中无才子，官从何处来。

【译文】

富有是从一升一升积累而来的，贫困是因为不会精打细算造成的。家中没有才子，又怎么能有做官的人呢？

【讲解】

本段强调节俭、积累的重要。财富是需要积累的，这种积累既需要增加收入，也需要节俭持家，精打细算。同样，要想让家中有做官的人，就必须培养人才，没有人才，就不要指望会有做官的人。

万事不由人计较,一生都是命安排。急行慢行,前程只有多少路。

【译文】

万事不因人计较而改变,一生都是命运的安排。急行还是慢行,前程只有那么多的路。

【讲解】

本段宣扬的是一种宿命论,强调万事都已命中注定。个人不管是急行,还是慢行,前程的路都是固定的,无法改变。这种强烈的宿命思想,多次出现在《增广贤文》中,我们在阅读时一定要注意。

人间私语,天闻若雷。暗室亏心,神目如电。一毫之恶,劝人莫作。一毫之善,与人方便。欺人是祸,饶人是福。天网恢恢，报应甚速。圣贤言语，神钦鬼伏。

【译文】

人世间私下说的话，老天听来都像雷声那么响亮。暗室内做的亏心事，天神目光如电，全能看见。一毫的恶事，劝你也不要做。一毫的善事，也要与人方便。欺负别人是灾祸，饶恕别人是福气。天网恢恢，报应来得很快。圣贤的话，神与鬼都钦佩听从。

【讲解】

本段是以报应的观念来劝诫人们做好事。报应的思想观念，今天看来是一种迷信，但是也不可否认它曾在劝人向善方面的积极作用。

人各有心，心各有见。口说不如身逢，耳闻不如目见。

【译文】

每个人都有自己的内心,每一个心灵都有自己的见解。口上说说不如亲身经历,耳朵听到不如眼睛看到。

【讲解】

在这个世界,有许多不同的意见和见解,这是正常的,因为每个人都有自己的内心世界,都有自己的看法。许多事情,嘴上说说,不如自己亲自去做一次,我们经常说实践出真知,就是这个意思。

<ruby>养<rt>yǎng</rt></ruby><ruby>军<rt>jūn</rt></ruby><ruby>千<rt>qiān</rt></ruby><ruby>日<rt>rì</rt></ruby>,<ruby>用<rt>yòng</rt></ruby><ruby>在<rt>zài</rt></ruby><ruby>一<rt>yī</rt></ruby><ruby>朝<rt>zhāo</rt></ruby>。<ruby>国<rt>guó</rt></ruby><ruby>清<rt>qīng</rt></ruby><ruby>才<rt>cái</rt></ruby><ruby>子<rt>zǐ</rt></ruby><ruby>贵<rt>guì</rt></ruby>,<ruby>家<rt>jiā</rt></ruby><ruby>富<rt>fù</rt></ruby><ruby>小<rt>xiǎo</rt></ruby><ruby>儿<rt>ér</rt></ruby><ruby>骄<rt>jiāo</rt></ruby>。

【译文】

养兵千日,用在一时。国家政治清明,才子就受到尊重;家庭富有,孩子就容易被娇生惯养。

【讲解】

对于国家来说,军事和人才都是非常重要的。要保持军力强盛，就要懂得练兵在平时，养兵千日，用在一时。而要不拘一格培养、发现和使用人才，就必须政治清明。对于一个家庭而言，过于富有，孩子就容易被娇生惯养，也就谈不上人才的培养。

利刀割体痕易合，恶语伤人恨不消。公道世间唯白发，贵人头上不曾饶。

【译文】

锋利的刀剑割伤身体后的伤口容易愈合；恶毒言语伤人，积下的仇恨却难以消失。世间最公道的就是白头发，贵人也无法避免变老。

【讲解】

生活中要慎言，千万不可恶语伤人。恶语伤人导致的仇恨和伤痛，远远超过刀剑造成的伤害。很多人会抱怨人世间不公道，但是人们在岁月的面前是公平的，谁也不能逃脱岁月的流逝。

有钱堪出众，无衣懒出门。为官须作相，及第必争先。

【注释】

及第：科举考试考中。

【译文】

有钱的人显得出众，没有衣服的人懒得出门。做官就要做宰相，科举考试要争先。

【讲解】

物质有时让人自信。这也使得很多有钱人会自我认为比较出众，而没钱的人，常常因为缺乏自信而不敢出现在大庭广众之中。其实，外在的物质并不是原因，关键在于能否拥有一颗自信的心。为官和科举要力争上游，固然是功利主义的观念，但却可以鼓励人奋勇前进，我们要看到它积极的一面。

闲时不烧香，急时抱佛脚。幸生太

平无事日,恐逢年老不多时。国乱思良将,家贫思贤妻。池塘积水须防旱,田地勤耕足养家。根深不怕风摇动,树正无愁月影斜。

【译文】

空闲的时候不去寺庙烧香,着急时才去抱佛脚。有幸生在太平无事的时代,就怕年老了,所剩时间不多了。国家战乱就想起优秀的将领,家庭贫寒就希望有一个贤惠的妻子。池塘积水是用来防止干旱的,田地要辛勤耕作以满足养家的需要。树根深,就不怕大风摇动;树身正,就不担心月色下树影倾斜。

【讲解】

本段所选的都是些生活中的谚语,广为流传,影响深远。如强调做事要早作打算,不要临时才去努力,用"急时抱佛脚"来形容,就非常生动、通俗而又贴切。其他各条也都是如此,这充分显示了《增广贤文》的通俗性。

奉劝君子，各宜守己。只此程式，万无一失。

【注释】

程式：指《增广贤文》提出的各种准则。

【译文】

奉劝君子，各自坚守本分。按照这些准则行事，就会做到万无一失。

【讲解】

本段为结语，对读者提出了美好的希望。《增广贤文》从内容上看，像一位长者、一位智者在娓娓而谈，用通俗、活泼、易懂的语言，向我们传递人生的智慧，令我们受益匪浅。作者在最后，希望我们每一位读者都能按这些生活准则行事，那样我们的人生就会因此减少许多失误。

《增广贤文》全文诵读

昔时贤文，诲汝谆谆，集韵增广，多见多闻。观今宜鉴古，无古不成今。

知己知彼，将心比心。酒逢知己饮，诗向会人吟。相识满天下，知心能几人。相逢好似初相识，到老终无怨恨心。

近水知鱼性，近山识鸟音。易涨易退山溪水，易反易复小人心。

运去金成铁，时来铁似金。

读书须用意,一字值千金。逢人且说三分话,未可全抛一片心。有意栽花花不发,无心插柳柳成荫。画虎画皮难画骨,知人知面不知心。

钱财如粪土,仁义值千金。流水下滩非有意,白云出岫本无心。当时若不登高望,谁信东流海洋深。路遥知马力,事久知人心。

两人一般心,无钱堪买金;一人一般心,有钱难买针。

相见易得好，久住难为人。

马行无力皆因瘦，人不风流只为贫。

饶人不是痴汉，痴汉不会饶人。

是亲不是亲，非亲却是亲。美不美，乡中水；亲不亲，故乡人。

莺花犹怕春光老，岂可教人枉度春。相逢不饮空归去，洞口桃花也笑人。红粉佳人休使老，风流浪子莫教贫。

在家不会迎宾客，出外方知少主

人。黄金无假,阿魏无真。客来主不顾,应恐是痴人。贫居闹市无人问,富在深山有远亲。

谁人背后无人说,哪个人前不说人。有钱道真语,无钱语不真。不信但看筵中酒,杯杯先劝有钱人。

闹里有钱,静处安身。来如风雨,去似微尘。

长江后浪推前浪,世上新人赶旧人。近水楼台先得月,向阳花木早逢春。莫道君行早,更有早行人。

莫信直中直,须防仁不仁。山中有直树,世上无直人。

自恨枝无叶,莫怨太阳偏。大家都是命,半点不由人。

一年之计在于春,一日之计在于寅。一家之计在于和,一生之计在于勤。

责人之心责己,恕己之心恕人。守口如瓶,防意如城。宁可人负我,切莫我负人。再三须慎意,第一莫欺心。

虎生犹可近,人熟不堪亲。来说是

非者,便是是非人。

远水难救近火,远亲不如近邻。

有茶有酒多兄弟,急难何曾见一人。人情似纸张张薄,世事如棋局局新。山中也有千年树,世上难逢百岁人。

力微休负重,言轻莫劝人。无钱休入众,遭难莫寻亲。

平生莫作皱眉事,世上应无切齿人。

士者国之宝,儒为席上珍。

若要断酒法,醒眼看醉人。

求人须求大丈夫,济人须济急时无。渴时一滴如甘露,醉后添杯不如无。

久住令人嫌,频来亲也疏。

酒中不语真君子,财上分明大丈夫。

出家如初,成佛有余。

积金千两,不如明解经书。养子不教如养驴,养女不教如养猪。有田不耕仓廪虚,有书不读子孙愚。仓廪虚兮岁月乏，子孙愚兮礼义疏。同君一席话，胜读十年书。人不通今古，马牛如襟裾。

茫茫四海人无数，哪个男儿是丈夫。白酒酿成缘好客，黄金散尽为收书。救人一命，胜造七级浮屠。城门失火，殃及池鱼。

庭前生瑞草，好事不如无。欲求生富贵，须下死工夫。百年成之不足，一旦败之有余。

人心似铁，官法如炉。善化不足，

恶化有余。

水至清则无鱼,人至察则无徒。知者减半,省者全无。

在家由父,出家从夫。痴人畏妇,贤女敬夫。

是非终日有,不听自然无。宁可正而不足,不可邪而有余。宁可信其有,不可信其无。

竹篱茅舍风光好,道院僧堂终不如。命里有时终须有,命里无时莫强求。道院迎仙客,书堂隐相儒。庭栽栖凤竹，池养化龙鱼。

结交须胜己，似我不如无。但看三五日，相见不如初。

人情似水分高下，世事如云任卷舒。

会说说都是，不会说无礼。

磨刀恨不利，刀利伤人指。求财恨不得，财多害自己。知足常足，终身不辱。知止常止，终身不耻。有福伤财，无福伤己。

差之毫厘，失之千里。若登高必自

卑，若涉远必自迩。三思而行，再思可矣。使口不如自走，求人不如求己。

小时是兄弟，长大各乡里。妒财莫妒食，怨生莫怨死。

人见白头嗔，我见白头喜。多少少年亡，不到白头死。

墙有缝，壁有耳。好事不出门，恶事传千里。

贼是小人，知过君子。君子固穷，小人穷斯滥也。贫穷自在，富贵多忧。

不以我为德，反以我为仇。宁向直中

取,不可曲中求。人无远虑,必有近忧。知我者谓我心忧,不知我者谓我何求。晴天不肯去,只待雨淋头。

成事莫说,覆水难收。是非只为多开口,烦恼皆因强出头。忍得一时之气,免得百日之忧。近来学得乌龟法,得缩头时且缩头。惧法朝朝乐,欺公日日忧。

人生一世,草生一春。黑发不知勤学早,看看又是白头翁。月到十五光明少,人到中年万事休。儿孙自有儿孙福,莫为儿孙作马牛。人生不满百,常怀千岁忧。今朝有酒今朝醉,明日愁来明日忧。路逢险处难回避,事到头来不自由。药能医假病,酒不解真愁。人平不语,水平不流。一家有女百家求,一马不行百马忧。有花方酌酒,无月不登楼。三杯通大道,一醉解千愁。深山毕竟藏猛虎,大海终须纳细流。

惜花须检点,爱月不梳头。大抵选他肌骨好,不擦红粉也风流。

受恩深处宜先退,得意浓时便可休。莫待是非来入耳,从前恩爱反为仇。留得五湖明月在,不愁无处下金钩。休别有鱼处,莫恋浅滩头。去时终须去,再三留不住。

忍一句,息一怒,饶一着,退一步。

三十不豪,四十不富,五十将来寻死路。

生不论魂，死不认尸。父母恩深终有别，夫妻义重也分离。人生似鸟同林宿，大限来时各自飞。

人善被人欺，马善被人骑。人无横财不富，马无夜草不肥。人恶人怕天不怕，人善人欺天不欺。善恶到头终有报，只争来早与来迟。黄河尚有澄清日，岂可人无得运时。

得宠思辱，安居虑危。念念有如临敌日，心心常似过桥时。

英雄行险道，富贵似花枝。人情莫

道春光好,只怕秋来有冷时。

送君千里,终须一别。

但将冷眼看螃蟹,看你横行到几时。

见事莫说,问事不知。闲事休管,无事早归。

假缎染就真红色,也被旁人说是非。善事可作,恶事莫为。许人一物,千金不移。龙生龙子,虎生虎儿。龙游浅水遭虾戏,虎落平阳被犬欺。

一举首登龙虎榜,十年身到凤凰

池。十年窗下无人问，一举成名天下知。

酒债寻常行处有，人生七十古来稀。

养儿待老，积谷防饥。鸡豚狗彘之畜，无失其时。数口之家，可以无饥矣。常将有日思无日，莫把无时当有时。

时来风送滕王阁，运去雷轰荐福碑。

入门休问荣枯事，观看容颜便得

知。官清书吏瘦,神灵庙祝肥。息却雷霆之怒,罢却虎狼之威。饶人算人之本,输人算人之机。好言难得,恶语易施。一言既出,驷马难追。道吾好者是吾贼,道吾恶者是吾师。路逢侠客须呈剑,不是才人莫献诗。三人同行,必有我师焉,择其善者而从之,其不善者而改之。

少壮不努力,老大徒悲伤。

人有善愿,天必佑之。

莫饮卯时酒,昏昏醉到酉。莫骂酉

时妻，一夜受孤凄。种麻得麻，种豆得豆。天网恢恢，疏而不漏。见官莫向前，做客莫在后。宁添一斗，莫添一口。螳螂捕蝉，岂知黄雀在后。不求金玉重重贵，但愿儿孙个个贤。

一日夫妻，百世姻缘。百世修来同船渡，千世修来共枕眠。

杀人一万，自损三千。伤人一语，利如刀割。

枯木逢春犹再发，人无两度再少

年。未晚先投宿,鸡鸣早看天。

将相胸前堪走马,公侯肚里好撑船。

富人思来年,穷人思眼前。世上若要人情好,赊去物件莫取钱。死生有命,富贵在天。

击石原有火,不击乃无烟。为学始知道,不学亦徒然。莫笑他人老,终须还到老。但能依本分,终须无烦恼。

君子爱财,取之有道。贞妇爱色,纳之以礼。

善有善报，恶有恶报。不是不报，日子未到。

人而无信，不知其可也。

一人道好，千人传实。凡事要好，须问三老。若争小可，便失大道。年年防饥，夜夜防盗。

学者如禾如稻，不学者如蒿如草。

遇饮酒时须饮酒，得高歌处且高歌。

因风吹火，用力不多。不因渔父引，怎得见波涛。

无求到处人情好,不饮从他酒价高。知事少时烦恼少,识人多处是非多。入山不怕伤人虎,只怕人情两面刀。强中更有强中手,恶人须用恶人磨。会使不在家豪富,风流不用着衣多。

光阴似箭,日月如梭。天时不如地利,地利不如人和。黄金未为贵,安乐值钱多。

世上万般皆下品,思量唯有读书高。世间好语书说尽,天下名山僧占多。

为善最乐,为恶难逃。羊有跪乳之恩,鸦有反哺之义。

你急他未急,人闲心不闲。隐恶扬善,执其两端。

妻贤夫祸少,子孝父心宽。

既坠釜甑,反顾无益。翻覆之水,收之实难。

人生知足何时足,人老偷闲且是闲。但有绿杨堪系马,处处有路透长安。

见者易,学者难。莫将容易得,便作等闲看。用心计较般般错,退步思量事事难。

道路各别,养家一般。从俭入奢易,从奢入俭难。

知音说与知音听,不是知音莫与弹。

点石化为金,人心犹未足。信了肚,卖了屋。

他人观花,不涉你目。他人碌碌,不涉你足。

谁人不爱子孙贤，谁人不爱千钟粟。莫把真心空计较，五行不是这题目。与人不和，劝人养鹅。与人不睦，劝人架屋。但行好事，莫问前程。河狭水急，人急计生。明知山有虎，莫向虎山行。路不行不到，事不为不成。人不劝不善，钟不打不鸣。无钱方断酒，临老始看经。点塔七层，不如暗处一灯。万事劝人休瞒昧，举头三尺有神明。但存方寸土，留与子孙耕。灭却心头火,剔起佛前灯。

惺惺常不足,懵懵作公卿。众星朗朗,不如孤月独明。

兄弟相害,不如自生。合理可作,小利莫争。

牡丹花好空入目,枣花虽小结实成。

欺老莫欺小,欺人心不明。

随分耕锄收地利,他时饱满谢苍天。

得忍且忍,得耐且耐。不忍不耐,

小事成大。

相论逞英雄,家计渐渐退。贤妇令夫贵,恶妇令夫败。一人有庆,兆民咸赖。

人老心未老,人穷志莫穷。人无千日好,花无百日红。

杀人可恕,情理难容。

乍富不知新受用,乍贫难改旧家风。座上客常满,樽中酒不空。屋漏更遭连年雨,行船又遇打头风。笋因落箨方成竹,鱼为奔波始化龙。

记得少年骑竹马,看看又是白头翁。

礼义生于富足,盗贼出于贫穷。

天上众星皆拱北,世间无水不朝东。

君子安平,达人知命。

忠言逆耳利于行,良药苦口利于病。顺天者存,逆天者亡。人为财死,鸟为食亡。

夫妻相合好,琴瑟与笙簧。有儿贫不久,无子富不长。

善必寿老，恶必早亡。爽口食多偏作病，快心事过恐生殃。富贵定要安本分，贫穷不必枉思量。画水无风空作浪，绣花虽好不闻香。贪他一斗米，失却半年粮。争他一脚豚，反失一肘羊。龙归晚洞云犹湿，麝过春山草木香。平生只会量人短，何不回头把自量。见善如不及，见恶如探汤。人贫志短，马瘦毛长。自家心里急,他人未知忙。贫无达士将金赠,病有高人说药方。

触来莫与说,事过心清凉。秋至满山多秀色,春来无处不花香。

凡人不可貌相,海水不可斗量。清清之水,为土所防。济济之士,为酒所伤。蒿草之下,或有兰香。茅茨之屋,或有侯王。无限朱门生饿殍,几多白屋出公卿。

醉后乾坤大,壶中日月长。万事皆已定,浮生空白忙。

千里送毫毛,礼轻仁义重。

世事明如镜,前程暗似漆。光阴黄金难买,一世如驹过隙。

良田万顷,日食一升。大厦千间,夜眠八尺。千经万典,孝义为先。

一字入公门,九牛拖不出。衙门八字开,有理无钱莫进来。

富从升合起,贫因不算来。家中无才子,官从何处来。

万事不由人计较,一生都是命安排。急行慢行,前程只有多少路。

人间私语，天闻若雷。暗室亏心，神目如电。一毫之恶，劝人莫作。一毫之善，与人方便。欺人是祸，饶人是福。天网恢恢，报应甚速。圣贤言语，神钦鬼伏。

人各有心，心各有见。口说不如身逢，耳闻不如目见。

养军千日，用在一朝。国清才子贵，家富小儿骄。

利刀割体痕易合，恶语伤人恨不消。公道世间唯白发，贵人头上不曾饶。

有钱堪出众,无衣懒出门。为官须作相,及第必争先。

闲时不烧香,急时抱佛脚。幸生太平无事日,恐逢年老不多时。国乱思良将,家贫思贤妻。池塘积水须防旱,田地勤耕足养家。根深不怕风摇动,树正无愁月影斜。

奉劝君子,各宜守己。只此程式,万无一失。

《增广贤文》是一本什么样的书

　　与其他蒙学经典主要强调启蒙识字、学习知识不同的是,《增广贤文》注重为人处世的启蒙,是人生智慧与经验的传承。正因如此,《增广贤文》的阅读对象也就更加广泛,影响也更为深远。该书有非常高的知名度,上至王侯公卿,下至贩夫走卒,甚至懵懂村妇常常都能吟诵几则,并奉为做人的基本准则。时至今日,该书中的许多隽语名言,人们仍然耳熟能详,广为流传,日用而不知。可以这么说,就受众与影响而言,该书已经远远超越了一部"蒙学"书的功能与价值。

　　尽管影响很大,但《增广贤文》具体成书时间与作者却都已经不可考。目前可以确知,明代万历年间的戏曲《牡丹亭》中曾经提到《增广贤文》,可推知此书最晚写成于明代万历年间,后来经过明、清两代文人的不断增补修订。由于该书经过众人长期修订而成,在不同时期和不同版本中存在着内容上的差异。目前常见的《增广贤文》通行本大约四千字,它以韵文的形式汇集编排历代先贤的名言警语、处世格言，内容涵盖礼仪道德、典章制度、为人处世、读书修身、生命感悟等诸多方面。其中大部分直接选自儒释道各家经典、先贤言论、史籍典故、诗文歌赋及戏曲小说，有些内容直接来自俚语格言，非常生动直观。

《增广贤文》版本众多，在内容上难免有许多讹误。清代同治年间，儒生周希陶对《增广贤文》进行了重新修订，将原文重新按照平韵、上韵、去韵、入韵分类编排，删去了很多意思重复的语句，也增加了一些新的内容。但是，由于他的儒生身份和思想立场，修订后的《增广贤文》(被称为《重订增广贤文》)失去了通行本通俗易懂的特点，增加了学究味道。修订本也许在内容上更加精确，更加符合儒家的礼义道德，但也因此与一般民众拉开了距离，流传并不广泛。因此，我们这次整理蒙学经典，所选的是《增广贤文》的通行本。当然，这并不是否认《重订增广贤文》的价值，恰恰相反，我们在整理、注释通行本时，常常需要借助《重订增广贤文》来校正通行本的一些错误，帮助我们更好地理解通行本的思想。

"长江后浪推前浪，世上新人赶旧人。"随着时代的发展，人们的道德意识、思想观念已经发生了深刻变化，《增广贤文》中的一些思想观念可能已经不适应我们这个时代了，这是我们在阅读时必须加以注意的。此外,《增广贤文》还描述了不少庸俗的人际关系和社会现象,这些社会现象在当下仍然存在,但我们并不能因此就肯定其合理性。对于消极、陈腐的内容,我们在阅读时应当以批判的态度加以分析和抵制。